高等学校应急管理专业系列教材

应急物流管理

主编　王熹徽　舒　嘉

高等教育出版社·北京

内容简介

本书以应急物流管理的基本流程为主线，详细介绍了应急物流的基本概念、具体功能、研究方法和实践现状。本书共分7个章节：第一章介绍了应急物流的概念、分类、内容和国内外发展现状；第二章介绍了应急物流管理系统的定义，设计构建及其中的关键子系统；第三章介绍了应急物流设施的选址问题、选址方法与设施规划；第四章介绍了应急物流的需求预测与应急物资的储备；第五章介绍了应急物流的资源筹措、运输与调度；第六章介绍了应急物资的分配和发放以及其中存在的管理问题；第七章介绍了应急供应链的概念、结构和其中的协调问题。

本书强调理论与实践的结合，运用通俗易懂的语言对应急物流的相关知识进行科学的解读，由浅入深地帮助读者加强对应急物流的认识。在各个章节附有导读案例与多个专栏，并在每一章末附有思考与练习，启发和鼓励读者从理论和实践的层面探索和思考，进而掌握应急物流管理的核心内容。

本书适合作为高校应急管理、公共安全相关专业本科生或研究生课程的教材使用，也可以作为政府、企事业单位和社会组织相关人员培训的参考教材。

图书在版编目（CIP）数据

应急物流管理 / 王熹徽, 舒嘉主编. -- 北京 : 高等教育出版社, 2024. 7（2025. 7 重印）. -- ISBN 978-7-04-062399-4

Ⅰ. F252.1

中国国家版本馆CIP数据核字第2024V6U735号

应急物流管理

Yingji Wuliu Guanli

策划编辑 付雅楠　责任编辑 张　欣　封面设计 张　楠　版式设计 马　云
责任绘图 杨伟露　责任校对 张　薇　责任印制 刘思涵

出版发行 高等教育出版社
社　　址 北京市西城区德外大街4号
邮政编码 100120
印　　刷 北京联兴盛业印刷股份有限公司
开　　本 787mm× 1092mm　1/16
印　　张 10
字　　数 210 千字
购书热线 010-58581118
咨询电话 400-810-0598

网　　址 http://www.hep.edu.cn
　　　　 http://www.hep.com.cn
网上订购 http://www.hepmall.com.cn
　　　　 http://www.hepmall.com
　　　　 http://www.hepmall.cn

版　　次 2024年 7月第 1 版
印　　次 2025年 7月第 2 次印刷
定　　价 29.80 元

物 料 号　62399-00

前言

应急物流是我国防灾抗灾体系建设的重要组成部分。2017年国务院发布的《国家突发事件应急体系建设“十三五”规划》，明确提出“建立健全应急物流体系，充分利用国家储备现有资源及各类社会物流资源，加强应急物流基地和配送中心建设，逐步建立多层级的应急物资中转配送网络；大力推动应急物资储运设备集装单元化发展，加快形成应急物流标准体系，逐步实现应急物流的标准化、模块化和高效化”。2018年国家应急管理部组建，标志着应急管理已经成为我国国家治理体系和治理能力建设的重要组成部分。2021年国务院发布的《“十四五”国家应急体系规划》也指出，需要“加快建立储备充足、反应迅速、抗冲击能力强的应急物流体系”。习近平总书记在中国共产党第二十次全国代表大会上所做的报告中强调，应当“完善国家应急管理体系，建立大安全大应急框架，提高防灾减灾救灾和重大突发公共事件处置保障能力，加强国家区域应急力量建设”。2024年十四届全国人大常委会第十次会议修订通过了《中华人民共和国突发事件应对法》，进一步明确了党对突发事件应对工作的领导，完善了突发事件应对管理和指挥体制。可以看出，在突发事件日益频繁的今天，应急物流管理正逐渐成为国家重点投入建设的学科与研究领域，具有良好的发展前景。

在实际需求与国家政策支持的双重驱动下，越来越多的高等院校开办了应急管理学院或专业，并开设了应急物流管理的相关课程。目前市面上应急物流管理相关的专著与教材数量相对稀少，且大多以学术著作和科学研究为主要内容，未能详细阐述应急物流相关的概念与基础知识，并不适合初学者。一本通俗易懂、科学规范的教科书将有助于应急管理相关专业的学生由浅入深地了解应急物流的研究发展与实践情况。编写这本教材的目的正是希望能够带领更多的学生了解应急物流的基本概念、基本理论与实践，培养更多的应急管理专业人才。

本书旨在为初学者提供一本能够比较全面、系统地了解应急物流现状与基础知识的教材，因此，阅读本书所要求的各方面预备知识并不多，不需要读者在数学建模上有深入的了解（尽管它几乎是后续研究中所必备的技能），也不需要读者对于该领域有过多专业性的涉猎。我们在写作过程中始终坚持采用简洁、通俗的语言，科学、严谨地阐述应急物流相关的概念与理论，并且注重与实践相结合，使教材内容与实际相接轨。

本书主要分为7个章节，以“总—分—总”的模式展开。第一章是应急物流概述，主要定义、阐释应急物流的相关概念，并且从实践的角度介绍国内外应急物流的发展现状，体现理论与实践的结合。第二章是应急物流管理系统，主要从系统结构设计与构建的角度，帮助读者了解当前的应急物流工作模块。第三章到第六章分别从应急物流的设施选址规划、需求预测与储备、资源筹措与运输调度以及物资分配与发放这些环节来进行详细的介绍与描述，有助于深入了解应急物流各个环节的具体工作以及研究范式。第七章则是在前几章的基础上，以供应链的视角对应急物流的各个环节、主体与主体间关系进行分析，并探究应急供应链的协调模式。每章都有明确的学习目标、生动的案例导读，部分案例和解读也会放置在各章的专栏之中，辅助读者对相关内容进行理解。此外，本书还为对应急物流相关研究感兴趣的读者设置了更加专业和深入的内容，可以通过扫描书中二维码进一步了解。

本书由中国科学技术大学王熹徽教授与电子科技大学舒嘉教授编写，在编写的过程中得到了国家自然科学基金委员会面上项目“基于匮乏理论的灾害运作管理痛苦量化方法和优化模型研究”（编号：72071189）的支持，梁樑教授、李建平教授、刘德海教授和吴建军教授在本书写作过程中提供了宝贵的指导意见。在本书出版之际，我们谨向以上单位和专家表示衷心感谢。

由于作者水平所限，书中的缺点和错误在所难免，恳请同行和广大读者批评指正。

王熹徽　舒　嘉

2024年3月30日

目录

第一章 应急物流概述

学习目标

通过本章学习应能够：理解应急物流的相关概念；了解应急物流的生命周期与特性；掌握应急物流的主要内容，并初步把握国内外应急物流发展现状。

导读案例

聚焦中国应急管理之变

2008年5月12日，一场8.0级的汶川地震让巴蜀大地遭受重创。如今，十多年过去，当年的灾难创伤渐被抚平，灾区又焕发出新的活力。在剧痛与变革中，一个成熟、高效的中国应急管理体系正在形成。

十多年前的汶川地震中，救援人员彻夜奋战的画面，成了不少民众难忘的记忆。但当年救援知识、救援装备相对缺乏，救援手段较为落后，造成救援的实际效率较低。此后十多年间，中国成立了多个应急救援管理研究及培训机构，使救援能力显著提升。2008年9月，中国高校首个灾难医学系在同济大学医学院正式成立；2010年4月，中国救灾应急装备领域首个国家级科技平台国家救灾应急装备工程技术研究中心成立；2011年12月，中华医学会灾难医学分会在上海成立，并陆续组建地震、火灾、水灾、爆炸、科普等多个学组，为中国灾难医学的起步打下人才储备基础……据中国地震局办公室、震害防御司2017年10月公布的数据，全国已建成80多支、1.3万余人的省级搜救队伍，数十万人的市县级搜救队伍，3 000多支、近30万人的地震志愿者队伍。

汶川地震后的十多年里，中国的应急管理体系在不断完善的过程中，也经历了几次大考。其中就包括2010年玉树地震、2013年雅安地震、2014年鲁甸地震和2017年九寨沟地震等。据报道，2008年汶川地震后，次生灾害不断，汶川、北川灾区与外界的交通线路一度瘫痪，直至灾后第三天，几条生命线才在抢修下恢复通行。而2013年雅安地震后，国家救援队伍同样需要面对这个难题，但凭借充足的人才、设备和过硬的爆破等专业技术，灾后第二天，宝兴县灵关镇苏家岩段成功开辟便道，芦山县至宝兴县的省道210线最后一处阻断处被彻底打通。四年后的九寨沟地震中，应急管理机制再一次得到了锻炼。地震发生时间是21时19分，中国地震局22时39分就启动Ⅰ级应急响应，派出现场工作队赶赴震区开展应急处置工作。22时41分，从阿坝州、绵阳市以及九寨沟周边县紧急抽调的医疗救援力量赶赴地震灾区。22时59分，四川省军区集结民兵队伍，命令九寨沟县武装部人员快速赶往震中漳扎镇。这次地震，从地方到中央部委迅速启动应急机制展开救援，在地震救援“黄金时间”内采取了一系列应急动作。

汶川地震发生后，中国应急管理体系建设也驶上快车道。中国应急管理预案、体制、机制和能力都有了跨越式的发展。2017年年初，中共中央、国务院印发《关于推进防灾减灾救灾体制机制改革的意见》。意见明确提出要“坚持以防为主、防抗救相结合，坚持常态减灾和非常态救灾相统一，努力实现从注重灾后救助向注重灾前预防转变，从应对单一灾种向综合减灾转变”。此外，目前国务院和31个省区市均建立了抗震救灾指挥机构，同时建立了地震应急指挥平台，具备监测监控、预测预警、震灾情况获取、应急指挥辅助决策、信息通告和调度指挥等功能。2018年3月，伴随机构改革的推进，国家应急管理部成立，将分散在13个部门的应急管理相关职能进行整合，统一管理。2008年12月，中国对防震减灾制度进行了完善，重点对防震减灾规划、地震监测预报、地震灾害预防、地震应急救援、震后恢复重建等制度做了修改、完善，新增了地震灾后过渡性安置和监督管理等制度。

过去的这十几年，见证了中国应急管理领域的巨大变革。外界评论称，应急管理部的成立也意味着中国特色应急管理体制正式形成。汶川地震后，中国正从应灾走向防减救灾全过程、安全与发展有机融合的模式。

资料来源：汶川地震十年：聚焦中国应急管理之变. 中新网客户端，2018-05-12.

第一节
应急物流概念、分类与特点

本节主要对应急物流的概念、分类与特点进行简要的介绍，旨在帮助读者初步了解与认识应急物流这一全新的概念。

一、应急物流的概念

（一）概念的提出与发展

国际社会在应对2004年东南亚海啸过程中发生了一系列问题，如预算短缺、物资堆积、运输不畅和调度混乱等，使得国际学术界开始认识到物流在应对自然灾害等突发事件中起到的关键作用。范·沃森霍夫（2006）的研究显示救援组织将其高达80%的支出花费在了物流活动上。为解决在应对自然灾害和人为灾害过程中遇到的物流问题的研究被统称为人道物流（humanitarian logistics）研究。经过多年的发展，人道物流研究逐渐脱离传统商业物流的范畴成了一个独立的研究领域。读者可以扫码了解人道物流与应急物流之间的差异与对比。

我国应急物流的概念形成和发展均独立于国际人道物流研究。早在21世纪初期，国内学术界就开始出现“应急物流”这一名词，但大都将其运用于企业突发性物流和供应链中断等商业物流问题。国家标准《物流术语》（GB/T 18354—2021）中将应急物流（emergency logistics）表述为“为应对突发事件提供应急生产物资、生活物资供应保障的物流活动”。在此阶段应急物流并非是用于应对突发事件的专有概念。

2007年颁布的《中华人民共和国突发事件应对法》中将突发事件定义为“突然发生，造成或者可能造成严重社会危害，需要采取应急处置措施予以应对的自然灾害、事故灾难、公共卫生事件和社会安全事件”，并确立由“国家建立统一领导、综合协调、分类管理、分级负责、属地管理为主的应急管理体制”，由此“突发事件”和“应急管理”在我国有了准确的定义和明确的内容，正式拉开了我国应急管理发展的序幕。2008年之后，开始有专家学者率先运用“应急物流”这一名词描述在应对突发事件过程中的必须物流活动，并被广泛接受，应急物流开始逐步与商业物流区别开来，拥有了特定含义。2024年，我国对《中华人民共和国突发事件应对法》进行了修订，进一步明确了党对突发事件应对工作的领导，完善了突发事件应对管理和指挥体制。

应急物流首次作为国家政策指导文件内容出现于国务院2009年颁布的《物流业调

整和振兴规划》中，该规划提出建设“应急物流工程”①。此后应急物流作为现代物流业发展的内容多次出现在国务院、国家发展和改革委员会颁布的文件中。2017年国务院发布的《国家突发事件应急体系建设“十三五”规划》，明确提出“建立健全应急物流体系，充分利用国家储备现有资源及各类社会物流资源，加强应急物流基地和配送中心建设，逐步建立多层级的应急物资中转配送网络；大力推动应急物资储运设备集装单元化发展，加快形成应急物流标准体系，逐步实现应急物流的标准化、模块化和高效化”②。自此应急物流脱离了传统物流的范畴，成了我国应急管理体系建设的内容之一。

2018年中华人民共和国应急管理部组建。作为我国应急管理体系和应急物流发展的主管部门，应急管理部的成立标志着应急管理已经成为我国国家治理体系和治理能力建设的重要组成部分。2020年新冠肺炎疫情中必需的口罩、消毒液和防护服等医疗物资临时短缺，以及医疗捐赠物资管理效率不高等问题，更突显了应急物流之于重大突发公共卫生事件的重要性和关键性。

（二）应急物流的定义

通过总结应急管理相关法律法规和现有学者对于应急物流内涵的探索，本书将应急物流定义为：以应对造成或可能造成严重社会危害的自然灾害、事故灾难、公共卫生和社会安全事件为目的，将应急物资、人员和装备从供应地向接收地的实体流动过程。根据实际需要，将筹集、储存、运输、调度、分配、发放和信息处理等基本功能实施有机结合。

（三）应急物流与传统物流之间的区别

国家标准《物流术语》（GB/T 18354—2021）将物流定义为“根据实际需要，将运输、储存、装卸、搬运、包装、流通加工、配送、信息处理等基本功能实施有机结合，使物品从供应地向接收地实行实体流动的过程。”尽管传统物流和应急物流在主要活动内容上有很大的重合，但在目标导向、运作主体和社会影响等方面，两者又有非常明显的区别。

1. 目标导向

传统物流作为现代商业的重要组成部分，其目标导向为获取利润，因此全部活动都以降低生产成本、提高生产效率或提升客户响应为目的，对于服务成本过高的部分顾客可以选择放弃，根据服务质量的水平可以提高定价，从而获得竞争优势以取得更多利润。

应急物流作为应急管理体系和能力建设的重要组成部分，肩负着我国国家治理的重任，以整体社会利益提升为目标导向，所有活动都旨在降低人民群众因突发事件导致的

① 国务院办公厅．国务院关于印发物流业调整和振兴规划的通知 [R/OL]．北京：国务院办公厅，2009.

② 国务院办公厅．关于印发国家突发事件应急体系建设“十三五”规划的通知（国办发〔2017〕2号）．2017-01-12.

痛苦，是具有强制性的政府行为，不能以能力不足为由无视任何受灾群众，不能因运作成本高而放弃任何救援行动，始终以维护社会稳定和经济发展为核心，尽可能地满足人民群众对于美好生活的追求。目标导向上的差异是传统物流与应急物流的核心差异，决定并影响着后续所有的差异。

2. 运作主体

传统物流的运作主体为私营企业的整体或部门，如顺丰物流、联邦快递等独立的物流公司，或京东、沃尔玛的物流部门。它们通过自有或自筹资金支持各项物流活动，并通过提供服务获取直接收入或增加附加价值，从而维持生存并进一步实现长远发展。由于是在激烈的市场竞争中生存，传统物流的运作主体往往具有丰富的物流运作和日常管理经验，在运作效率和运营成本等方面具有很强的竞争力。

应急物流的运作主体以各级政府和相关职能部门为主，也可能是红十字会或慈善基金会等非政府组织。此类运作主体通过财政预算、行政拨款或募捐等方式获取运营资金，其物流行动的最终产出是社会效益和人民利益的提高，由于无法用货币方式予以衡量，因此难以直观地加以判断。鉴于突发事件的偶发性和严重性，应急物流的运作主体难以从日常工作中得到充分的实践和试错机会，加之财政预算和政策法规的约束，其在运作效率和成本控制方面仍有较大的提升空间。

3. 社会影响

传统物流主要为一般或特定消费者提供服务，例如“四通一达”物流公司的服务对象主体是网上购物的一般消费者，而德邦快递和各类冷链物流公司的服务对象则是某类具有一定特殊需求并愿意支付较高溢价的消费者。无论是一般消费者还是特殊消费者，其本质都是消费者，对于物流服务的诉求都集中在定价、服务质量和信息安全等方面。传统物流的服务效果最终会通过价格高低和订单多少反映到物流企业的经营绩效中，企业也可以根据其自身的战略定位和目标客户，选择或放弃部分服务对象，从而实现经营目标。由于传统物流可以通过市场机制的优胜劣汰提升服务对象的满意度，引发严重的社会性或群体性事件的可能性极小。

应急物流是为突发事件的受灾群众提供服务，如“5・12”汶川地震的受灾群众，以及新冠肺炎疫情的感染者、医护人员甚至一般民众。考虑到突发事件可能造成严重社会危害，因此需要采取应急处置措施予以应对，其中满足全部受灾群众的基本生存和生活需求是应急物流的最低限度要求。应急物流需要为受灾群众提供恰当、充足和及时的应急物资，否则会损害部分或整体受灾群众的基本权益，进而导致严重社会性问题和群体性事件的发生。

二、应急物流的分类

（一）突发自然灾害应急物流

突发自然灾害应急物流是以应对自然灾害为目的的物流活动。自然灾害往往具有突发性和不可抗性，瞬时灾害可能造成大量的生命和财产损失。现有的科学技术虽然可以预测部分灾害的发生，但大部分自然灾害目前仍难以预测。自然灾害往往会造成大量群众受灾，因此除需要抢险救援物资和应急救援力量保障物资外，还需要大量的受灾群众基本生活保障物资。影响范围大、破坏程度高的自然灾害不但导致需要数量巨大的应急物资，而且会涉及应急物流活动的全部环节，往往还需要多方力量协同工作，是应急物流管理的主要研究、应用和实践对象。

（二）突发公共卫生事件应急物流

突发公共卫生事件应急物流是以应对造成或者可能造成社会公众健康严重损害的重大传染病疫情、群体性不明原因疾病、重大食物和职业中毒以及其他严重影响公众健康的事件为目的的物流活动。公共卫生事件具有专业性和可控性。未经专门培训的非专业医疗卫生人员难以对公共卫生事件做出有效的处置和判断，这加大了突发公共卫生事件的应急处置难度。但对于大多数公共卫生事件而言，保障医疗物资及时和充足的供应，并迅速开展切实有效的管控手段，可以极大地控制公共卫生事件的波及范围和影响程度。对于大规模突发公共卫生事件而言，管控手段和应急物流可以起到相互促进的作用，实现有效的应对和处置。重大突发公共卫生事件虽然破坏性极大但发生次数和频率都很少，因此在很长一段时间内被各国所忽视。2020年暴发的全球新冠肺炎疫情中出现的口罩、消毒液等医疗物资的供给不足，就是典型的突发公共卫生事件应急物流管理问题。

（三）突发事故灾害应急物流

突发事故灾害应急物流是以应对在生产、生活过程中发生的，直接由人类活动引发的，造成大量人员伤亡、经济损失或环境污染等意外事件的物流活动。事故灾害具有潜伏性和可预防性，因此对于事故灾害的管理应以预防和安全监督为主。事故灾害造成的受灾人员数量往往较小，对于应急物资的需求主要集中在抢险救援保障和应急救援力量保障物资方面。突发事故灾害涉及的物流活动以储存和调度为主，其应急物流管理难度较低。

（四）突发社会安全事件应急物流

突发社会安全事件应急物流是以应对造成或可能造成重大人员伤亡、重大财产损失和对全国或部分地区的经济社会稳定、政治安定构成重大威胁或损害，有重大社会影响的涉及社会安全的紧急事件的物流活动。社会安全事件具有政治性和特殊性，物流活动的影响较小，故在此不做过多讨论。

三、应急物流的特性

应急物流作为具有独特目标导向、运作主体和社会影响的一类特殊物流活动，其本身具有诸多传统物流所不具备的特性。这里主要从强社会性与弱经济性、高不确定性、时间敏感性、多样性与复杂性的角度，对应急物流加以分析。

（一）强社会性与弱经济性

应急管理的首要目的是保障人民群众的生命和财产安全，这也是应急物流各项活动的核心目标。应急物流行动效果的最终体现是特定社会效果的改善，例如生活类物资应急物流行动所减少的受灾群体的痛苦，装备类物资应急物流所消除的灾情恶化，医疗防控类物资应急物流所抑制的疫情传播。在应急情况下，相对于经济利益，社会利益具有更高的优先级和地位，即使物流成本高昂，也必须及时足量地保障应急物资的需求。由此可见应急物流具有强社会性和弱经济性的特点。但弱经济性并非完全不讲求经济效益，按照建设节约型社会的要求，在为尚未发生的突发事件进行事前准备或突发事件的危害程度已经得到缓解的情况下，仍需寻求更高的成本—效能比，遵循效果好、成本低、效率高的原则设计和实施应急物流活动。

（二）高不确定性

应急物流还具有高不确定性。不确定性广泛存在于应急物流的各个方面，如突发事件发生的类型、时间、地点不确定，持续的时间、影响的规模和造成的损失不确定，导致的物资需求品种、类型和数量不确定，能够调动的物资、人员和运力不确定等。甚至随着突发事件的发展和应急行动的进展，道路状况、天气等客观条件以及行动目标、预算资金等人为因素都会发生难以预知的变化，这些都会给应急物流行动的决策带来更多的不确定性。

有学者将突发性独立于不确定性认定为应急物流的特点之一，但实际情况并不是所有的应急物流行动都具有突发性，例如应急物资的预先储备活动不具备突发性但受到不确定性的影响，洪涝、台风等自然灾害都有迹可循且能够在很大程度上进行预测，因此也仅具有不确定性而非突发性。为避免单独列举突发性导致读者对于应急物流特性的混淆，本书在此将突发性纳入高不确定性之中。

（三）时间敏感性

应急物流中的“急”并不指突发事件发生的突然和紧急，而是指处理和应对突发事件的时间敏感性。应对处置越快就越能阻止突发事件不良影响的进一步扩大，救援行动越快就能挽救更多的生命和财产，物资供应越快就越能减少受灾群众所遭受的痛苦。由此可见无论是应对突发事件本身，还是对可能造成的社会和经济影响而言，应急物流都具有极强的时间敏感性。时间敏感性导致应急物流在突发事件发生的早期和初期需要特事特办，有时甚至需要不计成本地实施应急物流活动。随着时间的推移和救援工作的逐步落实，应急物流的时间敏感性会逐渐降低，此时应急物流就会向传统物流转化。

（四）多样性与复杂性

应急物流的多样性存在于多个方面，突发事件种类多、规模各异和分布范围广，应急物流行动的参与者包括政府部门、专业机构、军队武警、私营企业、慈善组织、志愿者和当地民众等，所涉及的应急物资品种类型、数量规模、消耗快慢和运输方式也各不相同。多样性的汇集导致了应急物流的结构和流程复杂性高，调度和协调难度大。由于应急物流的多样性和复杂性，即使经过了数十年的研究发展，目前仍无统一、具有普适性的应急物流标准化流程和操作规范。

第二节 应急物流生命周期与内容

本节探讨应急物流的生命周期与内容，主要将应急物流行动划分为预防、准备、响应和恢复四个周期，并从供应链、运作流程的角度对其进行具体介绍，旨在加深读者对应急物流的总体理解与认识。

一、应急物流生命周期

（一）生命周期的四个阶段

应急物流管理的全生命周期包括四个阶段：预防、准备、响应和恢复（见图1-1）。

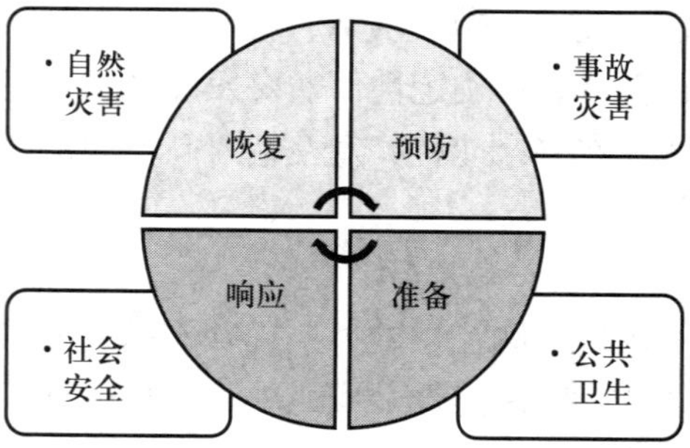

图1-1　应急物流管理全生命周期的四个阶段

预防阶段是前瞻性地降低社会中的各种隐患，主要手段包括制定法律法规和建立体制机制，从而消除或降低突发事件的发生概率和风险，增强国家和社会的风险抵御能力。准备阶段是将响应机制事先安排到位，以应对不可预防和抵御的风险。响应阶段是应急管理的核心部分，指直接应对和处置突发事件造成的破坏，并尽可能减少其对人民、社会和经济的负面影响。恢复阶段在响应阶段之后，指努力将受灾区域的社会经济活动和受灾群众的生活状态恢复至常态的阶段。

在上述应急物流管理全生命周期的四个阶段中，预防和恢复阶段较少涉及应急物流活动（虽然恢复阶段也存在需要物流活动支持的活动，但由于已经脱离了紧急状态，运用传统物流便足以应对此阶段内的物流活动），而准备和响应阶段的大多数工作都需要应急物流的支持，因此预防和恢复阶段不在应急物流的讨论范围之内。

（二）管理方式与突发事件发展阶段的匹配

每一次突发事件都遵循一个相似的发展阶段，根据应急物流的工作任务强度可以将突发事件的发展阶段划分为上升阶段、平稳阶段和下降阶段。由于追求的目标和涉及的利益相关方不同，每个阶段需要运用的管理方式也不尽相同（见图1-2）。

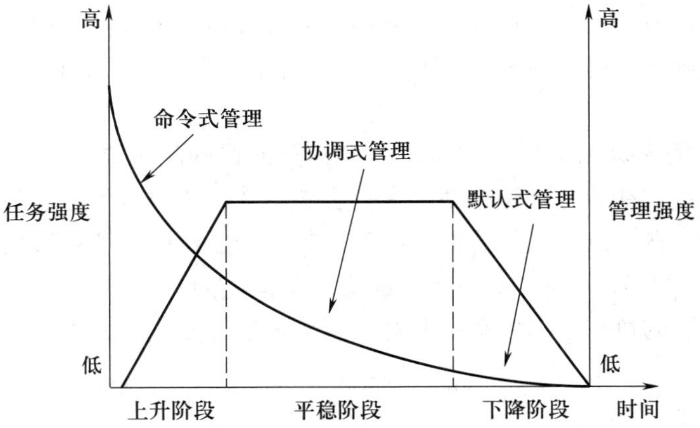

图1-2　突发事件发展阶段

资料来源：罗兰多·托马斯尼．人道物流[M]．王熹徽，译．北京：科学出版社，2019．

在上升阶段，时间至关重要，所以需要尽一切可能消除物流瓶颈问题，使应急物资和人员装备尽快到达突发事件的现场。瓶颈效应越显著，受影响的人口和地区就越多，突发事件就越有可能演变为长期性的棘手问题。命令式管理由于其执行速度快的优点，非常适用于突发事件的上升阶段。

在平稳阶段，随着物流瓶颈的消除以及所有的应急物流参与方都已进入正常运作，工作重心将会转向各自的特定任务，确保应急物流行动的持续运作。在此阶段，往往不再需要强力的命令式管理，管理方式从命令式向协调式转化。协调式管理要求各方按照既定的行动方案协同开展工作，相互之间需要保持畅通的联络，并定期举行跨部门会议，进行任务的评估。

下降阶段作为突发事件发展的最后一个阶段，各参与方往往都已经开始移交业务和准备撤离。虽然可能仍有部分工作需要协调，但大多数情况下一线人员之间进行意见交换即可完成工作。在此阶段使用默认式管理方式即可满足工作需求。

二、应急物流的内容

目前对于应急物流的内容有两种划分方法，一种是从供应链的角度对应急物流的内容进行划分；另一种是从运作流程的角度对应急物流的内容进行划分。

（一）供应链角度内容划分

从供应链的角度，应急物流的基本要素可以划分为物资、信息、资金、人力和知识。这5项要素具有同等的重要性。任何一项要素的短缺和不足都会对其他要素造成直接影响。比如，缺少足够的一线工作人员会造成应急物资处理不及时，影响应急行动的绩效；缺少足够的信息会导致需求评估不准确，造成物资供应的短缺或冗余；物流专业知识的缺乏则会造成应急物流行动的效果不佳或资金浪费。因此，构建一个成功的应急物流供应链的关键在于将上述5个要素进行充分整合，赋予其完备的行动能力。

1. 物资

物资是应急物流最为关键的要素，应急物流的目的是将恰当的物资在适当的时间运送至正确的地点。在应急行动初期，物资会被不计成本地从各地以各种方式运送至突发事件的发生地。在应急行动的后期，则需要同时考虑救援的绩效和相应的成本。需要注意，不是每一次突发事件都需要所有品类的应急物资，大量无效或非关键物资反而可能成为物流系统的负担。因此有必要对应急物资进行监测和管理以提高物流的效率和绩效。

2. 信息

信息是设计、构建和管理应急物流系统的基础，包含数据收集、数据处理和信息传播等内容，需要考虑信息的准确性、时效性和可达性。即使在事前进行了充分的准备，突发事件发生时信息的获取仍然存在难度，可获得的信息十分有限。应急行动初期，最重要的是了解受影响区域的实际情况和各类需求。在设计应急物流行动计划的过程中，信息对于满足民众的何种需求和如何满足这些需求等问题至关重要。此外信息的共享也将极大地促进应急行动的效率，通过协调应急行动各个参与方，避免重复和无效劳动。

3. 资金

资金在应急物流中有着不可忽视的重要作用，几乎所有的物流活动都需要资金的支持，包括应急物资采购、储备和能力建设。虽然在大多数应对突发事件的过程中，各级政府都会不遗余力地为应急物流行动提供资金保障，社会组织甚至一般民众也会尽可能地奉献爱心积极捐款，但这些财政预算和慈善捐款往往被指定用于突发事件的响应工作。另外，除了直接用于应对突发事件的资金以外，在突发事件尚未发生的平稳时期也需要日常训练和物资储备，而现实情况是这部分至关重要的应急物流前期准备活动往往缺乏足够的资金支持。

4. 人力

将拥有合适技能的人员派遣到突发事件现场也是应急物流行动的重要一环。首先需要有可被调动的人员，在很多突发事件情况下，原本被规划为应急管理一线力量的当地政府工作人员自身也变成突发事件的受害者，无法再投入应急处置工作之中。此外仅有足够数量的人手仍无法确保应急物流活动有效开展，具有专业知识和技能的应急物流专家才是应急行动成功的关键。目前，我国专门从事应急物流相关工作的人才数量极少，完全无法满足当前应急管理体系和能力建设的发展需求。

5. 知识

知识作为应急物流其他4个要素的纽带，可以将物资、资金、信息、人力充分整合和调动起来形成合力，实现应急物流行动效率的最大化。应急物流管理的不同节点需要有不同类型的知识，这就要求应急物流参与方充分做好各类专业知识和技能的储备。同时应急响应过程本身也在创造新的知识，政府部门和社会组织有责任和必要去收集、整合和分享这些知识，以备后用。

（二）运作流程角度内容划分

从运作流程的角度，应急物流可划分为筹措、储备、运输与调度、分配和发放等内容环节。从逻辑顺序来看，这些环节遵循一定的先后次序，但由于应急物流本身具有的不确定性和时间敏感性，在实践中可能存在多项工作并行甚至跳过某些环节。因此，不能使用固化的思维来应对应急物流问题，而是需要在深入理解各个环节工作预期目的和实际内容的基础上，根据现实情况为各项物流工作安排优先次序或进行灵活组合。

其他工作环节如装卸、搬运、包装和加工等，虽然也是应急物流工作的一部分，但与传统物流中的类似环节工作内容一致或极为类似，因此不在本书讨论范围之内。有兴趣的读者可参考物流管理方面的相关著作。

1. 筹措

应急物资的筹措是应急管理的物质基础，也是应急物流所有工作环节中最先遇到的。应急物资的筹措手段包括库存调拨、应急采购、临时征用和社会捐助等，与传统的物资筹措方式有很大的区别。

库存调拨是我国目前主要的应急物资筹措手段，即从国家、地方或社会已有的应急物资储备中通过行政命令的方式将物资调拨至受突发事件影响地区。库存调拨的优点在于响应速度快，可操控性强，便于集中管理和统筹优化，但也存在建设费用高、储备种类有限和维护更新成本高等问题。

应急采购作为另一种重要的应急物资筹措手段，是通过合同的方式向相关企业购买未纳入应急储备或储备数量不足的物资。应急采购虽然是临时性突发行为，但也需要提前规划和预先准备，才能确保采购物资的品种、数量和质量达到标准。

临时征用是应急物资筹措的备用手段之一，征用的物资主要以建筑设施、特种设备和重型机械等为主，在极少情况下可能出现对于药品、食品和消耗品的临时征用。

社会捐助是西方国家采用的主要物资筹措手段，在我国起补充作用。社会捐助存在资金捐助和实物捐助两种方式，包括通过政府、慈善机构等组织指定捐助接收部门或直接向受灾地区进行捐助。社会捐助在多次重大自然灾害应对过程中向灾区输送了大量物资，为缓解灾情和灾区恢复重建做出了巨大的贡献。同时也要考虑到社会捐助，尤其是直接向灾区的实物捐助存在实用价值低，质量难以得到保证，过多占用道路、仓库和人力等关键物流资源等问题。

2. 储备

储备是应急物流的另一项支柱性基本内容，相较于传统物流中的储存，应急物流储备具有更为广泛的内容。应急物流储备包含储存和准备两个方面的内容。储存是指有计划、有目的地将特定种类的应急物资保存在特定地点的储备库中，以便突发事件发生之后迅速有效地提供应急物资。准备是指根据国家或区域的风险态势、自然条件和社会经济水平等因素，预先进行的符合本国或本区域特点的储存品种、储存数量、设施选址、供应商和服务商选择等详细计划。

目前我国应急物资的储备方式是以各级政府建设的应急物资储备库点进行的实物储备为主，以企业协议储备、社会组织储备、社区家庭应急储备等为辅。针对2020年新冠肺炎疫情处置过程中出现的口罩和防护服等医疗物资短缺的问题，已有学者建议将企业产能储备也纳入应急物资储备体系之中。

3. 运输与调度

应急物流的运输是指将应急物资或人员装备进行的空间移动，主要指从储备库或基地向受突发事件影响区域的集散点或配送中心的运输活动。不同于传统物流运输所关注的规模经济和距离经济性，在应急物流中更多考虑的是运送的物资数量规模和所需的时间，在应急行动开展的初期常常不考虑成本问题。

应急物流的调度是指根据突发事件的变化情况，在短时间内调整或改变原有应急物资运输方案，以更好地满足突发事件应对和处置过程中的实际需求。在传统物流中，由于需求和路况等客观条件较少发生重大变化，故较少涉及调度问题。而应急物流由于具有高不确定性，及时有效的调度直接关系到应急物流行动的最终效果，是应急物流中十分重要的决策问题。

在应急物流管理中运输与调度工作的主要内容就是对已有的运输方案进行调整和优化，由于两者具有极为紧密的联系且难以进行明确的区分，故将两者进行了合并。

4. 分配

应急物流的分配是指按照特定的数量标准和优先级顺序将应急物资配置给多个需求点或需求对象的活动。由于传统物流受到服务对象的需求拉动，因此只要关注满足需求本身即可实现物资的有效分配，而应急物流则主要通过推送的方式主动满足受灾群众的需求，因此不同的分配原则可能会导致完全不同的效果。分配包括完全平均分配、距离优先级分配、需求优先级分配等，需要根据分配的物资类型、服务对象和能力限制等因素选取，以最大化应急物流行动的效果。由于应急物流存在时间敏感性的特点，在进行分配方案的设计时，除需要考虑物资分配的数量外还需要考虑分配的等候时间。同时还要注意，随着应急行动的进行和服务对象的需求变化，分配的原则和方案也要进行相应的调整以适应变化。

5. 发放

应急物流的发放是指将应急物资交付到最终服务对象——受灾群众手中的活动，解决的是物流的“最后一公里”问题，是应急物流服务的最终阶段。与发放相对应的传统物流环节是配送，但由于应急物资的发放所涉及的手段和方式更为广泛，因此用“发放”一词描述此类活动更为恰当。在突发事件情境下，对于受灾群众整体需求可以进行较为准确的估计和预测，但对于个体的具体需求信息难以进行准确的了解，因此无法进行广泛性的应急物资配送。此外，由于应急物流所具有的社会性和福利性，根据个体对于物资品种、数量的要求进行商业级别的点到点配送的成本过高，也势必会占用紧缺的应急物流资源。目前应急物资的发放手段以领取为主，辅以针对特殊群体的配送。应急物资的发放点选址宜遵循就近原则，尽可能地靠近受灾群众的居住地和集中安置点。发放的频率需考虑物资的类型、消耗速度和供给能力等因素，一次性、分批或每日进行发放。

第三节 国内外应急物流发展现状

本节简要介绍了我国与国外的应急物流发展现状，并指出了我国应急物流未来的发展方向，旨在帮助读者认识我国应急物流管理的组织体系结构与事业现状，并借鉴国外主要国家以及国际人道主义组织的应急物流工作现状与管理经验，更好地建设我国的应急物流体系。

一、我国应急物流发展历程与现状

（一）我国应急管理体制发展历程

我国应急管理制度的体系化开启于21世纪之初。2003年“非典”疫情充分暴露了我国在应急管理建设方面的不足。在此之前，我国应急管理实行的是分灾种行业垂直管理模式，这一模式形成于我国原有计划经济体制，其单部门专业化程度较高，执行任务能力较强，但也存在制度化和规范化较差、部门分割、条块分治等缺陷，时常出现职责交叉、管理脱节、衔接不畅、协调困难等问题，一旦遭遇比较大的突发事件，应急动员相对比较费时，容易延误时机。

在总结“非典”疫情经验教训的基础上，我国全面开启了以“一案三制”（应急预案、应急管理体制、应急管理机制、应急管理法制）为核心的应急管理体系化建设。为了增强跨部门协调能力，从2005年开始，国务院及许多地方政府相继成立了应急管理办公室，但是应急管理办公室与政府值班室通常是“一套人马、两块牌子”，没有专门增加编制。作为内设机构，在日常工作中，各级应急办的工作重心很容易偏向政府办公室，不能很好地发挥应急管理办公室的作用；而灾害发生以后，由于缺乏足够的管理权限和专业人员，各级应急办普遍没有现场指挥的权力和能力，在实际情况中，依旧需要各部委或各级人民政府牵头设立（临时）抗灾救灾指挥部，负责统一领导、指挥和协调本行政区域的抗灾救灾工作。同样的问题也出现在自然灾害救助领域，该领域国家层面有四个综合协调机构，分别是国家防灾减灾救灾委员会、国家防汛抗旱总指挥部、国务院抗震救灾指挥部和国家森林防火指挥部，但这些议事协调机构的覆盖范围较广，涉及成员单位较多，而这些协调机构大都没有行政主体资格，在协调部际合作时普遍缺乏强制力，影响了协调效果。同时，这些协调机构在构成上存在交叉，因此在业务协调方面还会出现职能交叠、职责不清等问题。

总而言之，通过多方面的改革与尝试，近年来我国对突发事件的事后救灾应急能力提升显著，展现出强大的动员能力，但是由于缺乏常设、独立和专门的应急管理协调机构，长期以来我国应急管理工作始终面临常态性综合协调能力较弱的问题。为了加强对各类突发事件应急管理的统筹协调，2018年3月，国务院进行机构改革①，将原本分散于多个部门的自然灾害应急职责②加以统筹并与安检部门整合，组建应急管理部，作为国务院组成部门。应急管理部的成立标志着我国开始建立由一个强有力的核心部门进行总牵头、各方协调配合的应急管理体制。

（二）我国应急物流管理现状

1. 我国应急物流管理组织体系

2018年以前，我国应急管理工作主要由各级政府应急管理办公室以及各专项机构负责。2018年3月，国务院进行政府机构改革，组建中华人民共和国应急管理部（简称应急管理部）。2018年7月，中共中央办公厅、国务院办公厅下发通知，明确了应急管理部的职能配置、内设机构和人员编制规定。根据相关规定，应急管理部在应急物流方面的主要职责有："制定应急物资储备和应急救援装备规划并组织实施，会同国家粮食和物资储备局等部门建立健全应急物资信息平台和调拨制度，在救灾时统一调度。"应急管理部下设救灾和物资保障司，具体负责应急物流方面的工作，相关职责包括：承担灾情核查、损失评估、救灾捐赠等灾害救助工作，拟订应急物资储备规划和需求计划，组织建立应急物资共用共享和协调机制，组织协调重要应急物资的储备、调拨和紧急配送，承担中央救灾款物的管理、分配和监督使用工作，会同有关方面组织协调紧急转移安置受灾群众、因灾毁损房屋恢复重建补助和受灾群众生活救助。

自应急管理部成立以来，我国各省市有序推进应急管理机构改革，至2019年年底，全国31个省级应急管理厅局已全面组建，随即，市（区）县两级应急管理局也陆续完

① 王勇．关于国务院机构改革方案的说明：2018年3月13日在第十三届全国人民代表大会第一次会议上[J]．中华人民共和国全国人民代表大会常务委员会公报，2018（2）：270-276.

② 包括国家安全监管总局的职责，国务院办公厅的应急管理职责，公安部的消防管理职责，民政部的救灾职责，自然资源部的地质灾害防治、水利部的水旱灾害防治、原农业部的草原防火、原国家林业局的森林防火相关职责，中国地震局的震灾应急救援职责以及国家防汛抗旱总指挥部、国家防灾减灾救灾委员会、国务院抗震救灾指挥部、国家森林防火指挥部的职责。

成了挂牌。①

目前，我国应急管理工作主要由应急管理部及其下属应急管理厅和各地应急管理局负责。根据《中华人民共和国突发事件应对法》的要求以及《国务院机构改革方案》的相关说明，按照分级负责的原则，一般性灾害由县级以上人民政府及其部门应对管理，其中涉及多个行政区域的应建立信息共享与协调配合机制，应急管理部代表中央统一响应支援；发生特别重大灾害时，应急管理部作为指挥部，协助中央指定的负责同志组织应急处置工作，保证政令畅通、指挥有效。

除了政府部门，在中国，应急物流的运作主体还包括军队、加盟物流企业、民间组织等。其中，军队作为我国应急物流工作的突击力量和骨干力量，在历次重特大突发事件中起到了中流砥柱的作用。

用党的二十大精神强力推进应急管理工作

2. 我国应急物流工作概况

为加强国家储备的统筹规划，构建统一的物资储备体系，强化中央储备粮棉的监督管理，提升国家储备应对突发事件的能力，2018年3月，我国组建了国家粮食和物资储备局，统筹国家战略和应急储备物资的收储、轮换及管理工作，统一负责储备基础设施的建设与管理。

具体到应急物资保障方面，《国务院机构改革方案的说明》指出，应急管理部统筹应急力量建设和物资储备并在救灾时统一调度。应急管理部与国家粮食和物资储备局在应急物资储备方面的职责分工如下：应急管理部负责提出中央救灾物资的储备需求和动用决策，组织编制中央救灾物资储备规划、品种目录和标准，会同国家粮食和物资储备局等部门确定年度购置计划，根据需要下达动用指令。国家粮食和物资储备局根据中央救灾物资储备规划、品种目录和标准、年度购置计划，负责中央救灾物资的收储、轮换和日常管理，根据应急管理部的动用指令按程序组织调出。②

目前，我国的应急物资储备以政府主导的实物储备为主，并以协议储备、应急生产能力储备等方式作为辅助补充手段。在实物储备方面，中央救灾物资储备库重点储备了三大类17个品种的物资，包括帐篷、棉大衣、棉被、折叠床、简易厕所等生活类物资③。为了弥补实物储备品种单一、不足等问题，全国大多数地方应急管理部门都开展了应急物资储备社会化运作方面的探索，通过与有关生产厂家、大型超市和相关企业等签订协议储备的方式增加应急物资储备品种和数量。协议储备主要面向食品、饮用水等不宜长期保存的救灾物资和挖掘机、装载机等大型救援设备等特殊物资。需要说明的是，应急管理部和国家粮食和物资储备局目前主要负责上述类型物资的应急储备和筹集工作，而药品和医疗器械的储备工作则由工业和信息化部主管，专栏1-1介绍了我国国家医药储备制度相关概况。

① 本刊综合．各地应急管理厅（局）工作动态（上）[J]．中国应急管理，2018，143（11）：28-31.
② 祝明，王东明．防灾减灾救灾新格局[M]．北京：国家行政学院出版社，2018.
③ 黄静．社会救助实务[M]．成都：西南交通大学出版社，2018.

专栏1-1：我国国家医药储备制度

我国国家医药储备制度可以追溯至20世纪70年代初，当时，为了适应战备需要，国家修建了13个药品储备库。随着经济社会的发展，医药储备的作用由单纯的备战备荒逐步扩展至救灾防疫、对外援助和应对突发事件。1997年，国务院发布《关于改革和加强医药储备管理工作的通知》，首次提出建立中央与地方两级医药储备制度。1999年，国家经贸委（现国家发展和改革委员会）出台了《国家医药储备管理办法》，进一步明确了中央与地方在医药储备中的职责。

进入21世纪以后，我国面临了前所未有的突发事件应对挑战，医药储备在应急管理中的作用愈加凸显。在应急管理体系建设探讨和应急管理能力建设过程中，国家多次强调医药物资储备和保障在突发公共卫生事件以及各类突发公共事件应急管理中的重要性，先后出台了《突发公共卫生事件应急条例》《关于转发国家发展改革委、卫生部（现国家卫生健康委员会）突发公共卫生事件医疗救治体系建设规划的通知》《全国卫生部门卫生应急管理工作规范（试行）》等法律法规及政策性文件，对医药应急物资的储备管理工作提出了明确的要求与规范，并且在中央与地方两级医药储备制度的基础上进一步明确了县级以上人民政府在突发事件应急处理和应急物资储备中的有关工作。2007年出台的《全国卫生部门卫生应急管理工作规范（试行）》明确指出"卫生应急管理工作明确以'统一规划、合理布局、分级储备，中央为辅'为储备原则，建立以省级储备为重点，国家储备作为补充和支持，地市、县级储备主要满足应对日常卫生应急管理工作需要的四级物资储备体系"。

但是总的来看，迄今为止，我国中央与地方（省、自治区、直辖市）两级医药储备的整体格局依旧没有改变，2019年颁布的《中华人民共和国基本医疗卫生与健康促进法》再次明确了中央与地方两级医药储备制度，指出"国家建立中央与地方两级医药储备，用于保障重大灾情、疫情及其他突发事件等应急需要"。

目前，我国国家医药储备由工业和信息化部主管，实行统一领导、分级负责的管理体制。其中，中央医药储备主要负责重大灾情、疫情及重大突发事件以及战略储备所需的特种药品、专项药品和医疗器械，地方医药储备主要负责储备地区性或一般灾害、疫情及突发事件和地方常见病防治所需的药品和医疗器械。国家医药储备实行品种控制、总量平衡、动态管理、有偿调用的原则，储备方式以实物储备为主。

资料来源：医药储备专项简介. 工业和信息化部产业发展促进中心网站.

二、国外应急物流发展历程与现状

进入21世纪，各类非常规突发事件在世界各地频繁爆发，造成了巨大的人员伤亡和经济损失。世界各国尤其是经济发达国家对应急物流管理工作极为重视。美国是当今世界发达国家，其应急物流管理建设起步较早，目前已经形成了比较健全的应急物流管理体系。日本是全球灾难最为频繁的国家之一，在灾害预防和管理方面积累了丰富的经验。"他山之石，可以攻玉"，借鉴国外成功经验对于我国应急物流管理体系和应急物流能力建设大有裨益。美国和日本在发达国家应急物流管理体系和能力建设方面具有较强的代表性，因此下面以美国和日本为例，介绍国外政府的应急管理工作现状。

（一）美国应急物流管理现状

1. 美国应急物流管理组织体系

美国联邦层面负责应急物流相关职能的部门包括美国国土安全部（DHS）、美国联邦应急管理局（FEMA）、美国总务管理局（GSA）等。

“9·11”事件之后，美国逐步建立了一个相对完善的应急管理组织体系。在这一体系中，国土安全部（DHS）是美国应急管理工作的最高领导机构，该机构成立于2002年，由22个独立分散的联邦部门合并而成。

隶属于国土安全部的联邦应急管理局（FEMA）是美国联邦层面的应急管理职能机构，其使命是领导和支持全国范围的突发事件应急管理工作，以抵御各类灾害风险（全灾种），并通过实施减灾、备灾、救灾和灾后恢复四项业务（全流程），减少生命和财产损失，维护社会稳定。在紧急状态下，FEMA可以提升为内阁部门，直接向总统负责。FEMA下设应急响应与恢复办公室，旨在提供指导和监督，建立、维持和提高部门协调，帮助美国民众以及各州、地方、部落和地区政府挽救生命、减少痛苦、保护财产，以从各类灾害中恢复过来。①FEMA的物流管理部门及其合作机构必须时刻对来自州和地方的潜在救援请求保持警惕和关注，并且早在联邦灾害声明发布之前，其物流工作人员就会执行相关工作计划，但只有在受灾州政府请求联邦支援以及总统发布灾害声明（紧急声明或重大宣言）之后，FEMA才会正式开启应急物流援助工作。此时，FEMA地区办公室将会在受灾区域附近成立临时的现场运作中心，由其物流管理部门负责满足相关支援请求。

根据美国国家应急响应框架（2019年版），除了DHS和FEMA，应急物流支持工作的主要部门还包括美国总务管理局（GSA）。GSA在联邦应急物流工作中发挥了重要的协调作用，能够帮DHS和FEMA获取来自公共或私营部门的服务及资源，并通过集中采购的方式为救灾工作提供应急救援物资、设施空间、办公设备、办公用品、电信支持、运输服务和承包服务等方面的支持。除了上述机构，在联邦层面，对应急物流功能发挥具有支撑作用的其他部门还包括美国农业部、美国商务部、美国国防部、美国红十字会、美国全国救灾志愿者联盟等十多个联邦部门和非政府组织。

美国各州和地方政府也设有国土安全和应急管理部门，但具体名称和职责范围因地方不同而存在略微差异和侧重。由于美国属于联邦制国家，应急管理属于地方管辖权力的范围，以属地管理为主。只有当地方政府不能有效地应对突发事件，并且向上级政府提出支援请求后，上一级政府（州和联邦）才会提供必要的支持。

需要指出的是，以非政府组织、志愿者为主体的社会力量在美国的应急救灾活动中扮演了举足轻重的作用。例如，在卡特里娜飓风灾害之前，美国受灾民众的基本生活保

---

① FEMA. Logistics Management. 2020-7-2.

障并不属于联邦政府的救灾职能，很大程度上依靠美国红十字会、食物银行等非政府组织来完成。但是卡特里娜飓风造成的损失和影响远远超过了地方政府和社会力量的应对能力，在此之后，美国联邦政府陆续进行了改革，不断完善其灾民基本生活保障职能。目前，美国一般性灾害救助工作依旧主要由社会力量参与完成，但联邦政府可以为社会力量的相关支出提供较高比例的资金保障。

2. 美国应急物流工作概况

美国联邦政府实施了一系列举措，为统筹保障应急物资提供了健全的制度保障。① 其中，《后卡特里娜应急管理改革法案》《斯坦福法案》和《美国联邦采购条例》（FAR）等法律法规的有关规定以及《应急响应框架》等政策指南的颁布为FEMA综合协调下的多部门参与和公私合作提供了法治保障与规范引领。另外，美国联邦政府设立了灾害救助基金②，为FEMA以及联邦相关部门的应急采购等救灾支出提供了财政保障，使联邦政府部门、公私、政社之间得以顺利合作，确保FEMA拥有多元、稳定的应急物资筹集渠道，推动联邦应急物资保障高效运行。从联邦救灾工作来看，FEMA主要通过实物储备、任务指派、部门间合作协议以及协议储备这四种渠道，来保障应急物资和救援服务需求。③

（二）日本应急物流管理现状

1. 日本应急物流组织体系

日本采取的是以内阁府为中枢、整个政府集中应对的一元化管理体制。为了增强内阁府的防灾决策指挥和综合协调能力，日本内阁府设有中央防灾会议，作为日本防灾减灾工作的最高决策机构。④中央防灾会议由包括内阁总理大臣（日本首相）在内的所有阁僚、指定公共机关的首长以及少量专家学者组成，负责制定防灾基本计划，审议与防灾有关的重要事项等。目前，日本政府并没有设置应对灾害的专门省厅，但内阁府设有防灾担当大臣作为灾害管理方面的国务大臣，以统一各行政部门的防灾措施。在防灾担当大臣的领导下，为了确保相关政府机构之间的广域合作，内阁府专门设立了政策统括官（防灾担当）负责制定有关防灾的基本政策，对大规模灾害时应采取的措施进行规划和全面协调。

除了中央防灾会议与防灾担当大臣，日本中央层面应急管理部门还包括国家公安委员会、消防厅等23个国家机关。⑤在中央层面之外的应急管理组织还包括：指定地方公共机关（地方运输局、地方航空局、地方防卫局、管区警察局、北海道农政事务所等

---

① 王东明，韩自强，刘剑博．美国联邦政府救灾物资保障经验及对我国的启示[J]．国家行政学院学报，2018（6）：161-164．

② Lindsay B R. FEMA’s disaster relief fund: overview and selected issues[M]. Washington, DC: Congressional Research Service, 2014.

③ Department of Homeland Security. Office of Inspector General. FEMA’s Sourcing for Disaster Response Goods & Services[M]. Department of Homeland Security, 2009.

④ 李征．日本突发事件危机管理探析[J]．日本研究，2020（2）：11-23．

⑤ 洪凯．应急管理体制跨国比较[M]．广州：暨南大学出版社，2012．

23个地方机关)、指定公共机关（防灾科学技术研究所、日本红十字会、日本NHK电视台、日本医师协会等100个独立行政法人、研究院所、公共团体和株式会社)。

日本地方政府（都道府县与市町村）也都设立了地方防灾会议，负责制定辖区的防灾基本方针与计划，并推进实施，对相关机关之间的协调联络以及防灾相关的重要事项进行审议。当需要进行跨区域协调时，地方政府也会设立防灾会议协调会，共同处理跨区域的灾害事务。

由于日本实行地方自治体制，因此突发事件应急管理工作主要由地方政府负责。灾害发生后或者可能发生时，地方两级政府根据灾害对策基本法，成立灾害对策本部，协同相关机关制定并组织实施具体的应急对策，指挥本辖区的力量进行应急处置。根据灾情情况，必要时设置现场灾害对策本部。灾害对策本部的组织及运作事项，由防灾相关机构规定，具体配置和职责分工因灾因地略有差异。以爱媛县所辖市町为例，各市町灾害对策本部下设避难所物资、物资受付、受援调整、物资运输、物资集聚地管理等担当小组，承担应急物流管理方面的具体事项。①当出现严重的非常规灾害或特别严重的紧急灾害时，内阁府也会成立非常灾害对策本部或紧急灾害对策本部，对救援活动进行应急协调指挥，协调并委托物资保障以及应急运输相关省厅开展应急物资筹集和调运工作，并通过推动型或拉动型方式对受灾都道府县进行支援。②根据内阁府防灾情报所公布的数据③，近30年（1991—2020年)，内阁府设置非常灾害对策本部的次数有9次。历史上设置过紧急灾害对策本部的事件有2次，一次是1995年的兵库县南部地震，另一次是2011年的东日本大地震。

2. 日本应急物流工作概况

日本各级政府高度重视应急物资保障和物资储备工作。由于日本地形复杂，自然灾害频发，一旦发生大规模的灾害事件，有可能使受灾地区短暂与外界隔绝，采取中央集中式储备更容易受到影响，相比之下各地分散式应急物资储备更有利于应对灾害。如何储备、储备哪些及多少物资都由地方政府来负责，日本地方政府普遍制定了详尽的应急物资储备规划，并组织实施。在计划阶段，地方政府会对地方可能遭遇的灾害进行设想，依据预想情境推测可能的避难人数，按照储备方针所制定的公式计算食品、重要生活物资的必要储备量，最终由都道府县和市町村两级政府按照一定比例共同承担。以日本大阪府的河南町为例，该地以日本发生南海海沟大地震和本地发生直下型地震为情境进行大规模灾害设想，通过推测和比较两种情境下的避难人数及必要物资需求量（分别以满足3日和1日需求为目标)，以最高数目为准由河南町和其上级政府大阪府按照1∶1的比例共同负责储备。

---

① 日本爱媛县．爱媛县救援物资供应手册[EB/OL]．2020-04-02．

② 日本内阁府中央防灾会议干事会．大规模地震・海啸灾害应急对策处理方针[EB/OL]．2021-05-21．

③ 日本内阁府．令和2年版防灾白书附属资料10：紧急灾害对策本部及非常灾害对策本部的设置情况[EB/OL]．

日本地方政府的重点储备物资包括饮用水、可耐储食品（包括 α 化米饭①、高龄者用食、婴幼儿奶粉等方便食品以及奶瓶等配套产品）、毛布毛毯、简易厕所、生理用品、纸尿布（幼儿用、成人用）、卫生纸和口罩等。储备方式包括实物储备和流通储备（企业协议储备），每种方式的承担量因物资种类和地区而异。以神户市应急食品储备为例②，其中实物储备的数目需要满足灾后第一天10万人份以及灾后第二天5万人份的需求量。

日本家庭平时也十分重视应急物资储备，例如名古屋市灾害救助物资供给计划建议市民居家储备7日用量的方便食物、饮用水等生活必需品，其中可紧急带出的物资量至少需要满足3日用量。除了政府与家庭储备，日本政府也积极引导企业及社会组织参与并维持应急物资储备。

总的来看，日本灾后应急物资供给顺序大致如下：灾害发生后，受灾民众首先依靠家庭储备开展自救与互救行动。同时，市町村也会通过所持有的实物储备以及企业协议储备以满足受灾民众各方面的生活需求。在超出本级政府应对能力的情况下，市町村可以向上级政府的灾害对策本部提出物资支援请求。在上述渠道无法完全满足全部需求的情况下，都道府县可依据灾害时应援协定向相关县市请求广域支援。当大规模灾害发生时，日本中央政府也会在第一时间内迅速估算受灾地区的最低限度需求，在72小时内做出响应，并通过推动型方式向灾区输送和供应物资，此后再依据县级灾害对策本部的请求，通过拉动型方式向灾区提供支援。一般而言，灾后三天所需必要物资主要由市町村与都道府县所持有实物储备以及流通储备进行供应。中央政府的推动型支援主要用于满足灾后4~7天的物资必要量，拉动型支援则用于满足受灾地区在7日之后的物资请求量。

除了美国和日本，国际上也有一些组织和机构负责应急物流管理与运作，感兴趣的读者可以扫描右侧二维码进一步了解。

本章小结

经过数十年的发展，我国应急物流已经逐渐脱离传统商业物流的范畴，形成了一套比较完整的理论概念体系，相应的管理体制也逐渐建立健全。本章从应急物流的概念、分类、特性、内容和生命周期等基本概念入手，总结了与应急物流管理相关的基础知识，并结合国内外应急物流发展现状，系统地对应急物流的基础内容进行了介绍，是后续章节的学习基础。

---

① α 化米饭又叫速煮水饭，是一种速食方便米饭，属于脱水米饭的一种，经脱水干燥工艺制成，食用时无须蒸煮，只需要稍微加热或者用沸水浸泡几分钟即可复原成米饭食用。

② 日本神户市．神户市物资储备状况、物资基地现状及问题[EB/OL]．2017-09-13．

思考与练习

1. 举例说明四种突发事件应急物流。
2. 举例说明应急物流不同生命周期下的应急活动。
3. 从供应链的角度分析我国应急物流的流程。
4. 简述美国与日本的应急物流管理模式，以及与我国的应急物流管理模式有何差异？
5. 列举3~5个我国应急物流发展历程中的重要事件并说明其影响。

即测即评

扫一扫，测一测

第二章 应急物流管理系统

学习目标

通过本章学习应能够：熟悉应急物流管理系统的相关概念和发展现状；掌握应急物流管理系统的设计和构建过程；了解应急物流管理子系统以及基本管理活动。

导读案例

加快推进应急管理体系和能力现代化建设

近年来，我国应急管理体系日益完善，能力不断提高，应急管理体系和能力现代化进程正在加快推进，主要体现在以下五个方面：

一是大力推进机构改革，基本形成中国特色应急管理体系。新组建的应急管理部整合了11个部门的13项职能，包括5个国家议事协调机构，涉及2支部队近20万武警官兵转制。其间，我国还组建了国家矿山安全监察局，加强了危化品监管机构和力量建设，深化了应急管理综合行政执法改革和消防执法改革，完善了防汛抗旱、森林草原防灭火等体制机制，探索构建了一套全新的应急管理工作体系。

二是发挥综合统筹优势，不断提升国家综合应急能力。一方面，充分发挥统筹协调作用和综合优势，牵头建立健全风险研判、信息共享、协同处置、恢复重建等全过程跨部门联动机制，防、抗、救一体化工作合力明显增强。另一方面，积极推动实施自然灾害防治重点工程，建成部、省、市、县四级贯通的应急指挥信息网等系统，实现危化品重大危险源、煤矿等全面联网监测，不断提高灾害事故风险监测预警能力，基本建立了自上而下的应急指挥体系，全灾种、大应急综合救援能力得到明显提升。

三是时刻保持应急状态，有力、有序、有效应对重大灾害事故。应急管理全系统全年365天、每天24小时应急值守，50多万名干部职工和消防救援指战员时刻保持应急状态，从灾情速报、力量预置、物资储备、装备优化等方面强化应急准备，随时应对各类突如其来的灾害事故。

四是标本兼治破解难题，持续夯实应急管理发展基础。组织实施全国安全生产专项整治三年行动计划，对九个重点行业领域开展专项整治，提升生产安全水平。推进应急管理法治建设，修订安全生产法、消防法等，推动在刑法修正案中增加危险作业罪等罪名，坚持严格、规范、公正、文明执法。实施企业安全素质提升工程，开展高危行业领域从业人员安全技能培训，2020年共培训了786.8万人次。开展全国综合减灾示范社区建设，建成近100万人的灾害信息员队伍，筑牢防灾、减灾、救灾人民防线。

五是对标全灾种大应急，全面加强中国特色应急救援力量。国家综合性消防救援队伍坚持应急救援主力军和国家队定位，新组建了水域、山岳、地震、空勤、抗洪、化工等专业救援队3 000余支。建设应急救援专业力量，建成地震、矿山、危化品、隧道施工、工程抢险、航空救援等国家级应急救援队伍近100支共计2万余人。目前，我国已经初步构建起以国家综合性消防救援队伍为主力、以专业救援队伍为协同、以军队应急力量为突击、以社会力量为辅助的中国特色应急救援力量体系。

资料来源：应急管理部：加快推进应急管理体系和能力现代化. 环球网.

第一节
应急物流管理系统概述

本节主要从定义与发展现状的角度对应急物流管理系统做简要的介绍，旨在帮助读者初步了解应急物流管理系统。

一、应急物流管理系统的定义

应急物流管理系统是为了落实在突发环境下对应急战略物资、人员、资金等开展高效、快速组织和保障需求而创立的综合性管理系统或平台，是一种为应对突发情况下的物资需求，由组织机构、管理制度、管理机制、政策法规等互相联系、相互制约而形成的特殊物流管理系统。该系统涵盖应急管理整个过程，包括应急准备、监测预警、应急响应（应急指挥）和应急恢复，由应急物流的组织机构、人员物资的储备与运输、通信设施等构成，旨在运用各种技术手段和方法，重点提升日常应急管理和对于突发事件进行应急处置的能力，以期有效预防和处理突发事件，减少损失，恢复社会稳定以及政府的公信力。应急物流管理系统既从属于应急管理系统，也从属于国家物流管理系统，从某种意义上可以说是国家物流管理系统和应急管理系统的交集，它们之间的关系如图2-1所示。

应急物流管理系统不仅可以实现对物资等资源相关需求的有效调配，也有利于保障社会公共部门相关工作有序开展，有效地帮助政府和应急管理相关部门快速构建国家—省市—区县—街道—乡镇一体化的多级应急联动管理体系。随着我国应急物流的蓬勃发展，应急物流管理系统可以助力社会突发灾害和事故的有效解决，实现资源的有效集中，优化现有物流系统的应用和管理，为社会保障体系的正常运行提供支撑和帮助。

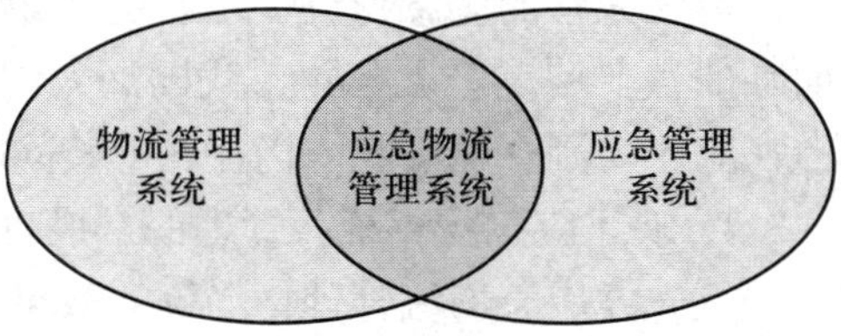

图2-1　应急物流管理系统关系

二、应急物流管理系统发展现状

（一）我国应急物流管理系统发展背景及历程

中国是世界上受自然灾害影响最为严重的国家之一，各类可能造成重大人员伤亡、财产损失、生态环境破坏和严重社会危害的自然灾害以及危及公共安全的突发事件都会在短期内造成巨大的应急物资需求缺口。在这种情况下，应急物流管理系统的高效运行就显得十分重要。

就应急物流管理系统建设而言，我国已加快建立健全新时代国家应急管理系统，以提高我国应对突发事件的能力和水平。2018年3月，国家设立应急管理部作为国务院组成部门；随后，各地方政府分别成立相应的应急管理机构，推动统筹协调、应急管理体系的完善和优化以及应急管理法律法规的完善等工作。目前我国已形成由国务院不同部门分别负责组织管理的基本架构：应急管理部主要负责自然灾害应对及安全生产保障，国家卫生健康委员会主要负责公共卫生威胁应对，而中央网络安全与信息化委员会办公室则负责网络安全威胁应对等。

在地方应急物流管理系统建设上，目前全国地级市建立应急物流管理领导机构和办事机构的比例分别为97.8%和96.1%，县级政府相应比例为89.6%和80.8%。在应急物流管理机制方面，迄今已建立国务院应急管理平台，以及配套的灾害风险评估系统、综合监测预警系统、应急协调联动处置机制和恢复重建保障机制等一系列具有中国特色的应急物流管理系统和机制。

在应急管理法治建设方面，我国已陆续颁布《中华人民共和国突发事件应对法》《中华人民共和国反恐怖主义法》《中华人民共和国传染病防治法》《中华人民共和国动物防疫法》《国家突发公共事件总体应急预案》《国家突发公共卫生事件应急预案》等与应急管理相关的法律条例。

随着应急物流的变化和发展，应急物流管理活动的具体任务和管理目标也会随之发生变化。因此，应急物流管理系统也是动态发展变化的。由于突发事件的种类、时间、地点不同，应急物流管理工作内容及其侧重点也不同，因而针对不同的事件、不同的区域，其应急物流管理系统在目标与功能上也有较大差别，在实践中应当加以区分。

（二）应急物流管理系统在实践中的问题

建立完善的应急物流管理系统并加强其运作管理，是我国目前应急物流管理建设所面临的重要课题。近几年，我国加大了对应急物流管理系统建设与发展的关注和研究，但在应急物流管理实践中仍存在一些问题：

1. 缺乏应急物流统一管理的常设机构

首先，应急物流管理全局统筹效果欠佳。例如，在抗击新冠肺炎疫情过程中，虽然各省、市、自治区均制定了应急物流管理的应对措施，但系统响应速度、管理方式具有较大差异，无法较好地实现全局统筹；县、乡、镇则因缺乏应急物流管理方案，过度依赖政府部门的临时指挥，应急物流的运行体系受到路网、人员等诸多因素限制，难以实现紧急条件下应急物流管理系统的安全通畅运行。

其次，应急物资管理处置和调度不善。由于缺乏常设的应急物资管理部门和组织，面对突发事件，相关管理部门因职权范围所限，短期内无法形成有效的合力，造成灾后初期应急物资严重缺乏和供应链中断等问题。

最后，应急物流管理系统专业人才不足。应急物流作为特殊的物流活动，涉及跨地区甚至跨国界的多层级、多地区和多管理部门，需要政府、企业、基层组织以及广大群众全员参与；同时，系统的具体运作又涉及应急物资的管理、运输、配送等多个环节，大量紧迫的抢险救灾工作的推进容不得丝毫懈怠。在这种情况下，临时应急指挥小组缺乏专业的应急物流管理人员，缺乏应急物流管理专家、顾问等问题，就会导致难以进行科学统筹规划、统一调度，从而使应急物流体系效率、保障水平、可靠性大打折扣。

2. 缺乏应急物流管理系统的政策和制度保障

应急物流系统的顺利运作，需要多方主体有效配合和协作，需要基础设施和人员等多重保障，同时也易受人员管控、交通管制等政策因素的干扰和影响。目前我国应急物流管理系统可依据的法规、制度较为分散，总体呈碎片化现象，并且存在大量空白，立法层次低，缺乏整体规划和布局，许多应急管理法案都是紧急情况下的临时产物，不同法规之间缺乏目标一致考虑，甚至还存在矛盾和冲突，缺少根本性的应急物流管理政策制度作为参考及指导。此外，应急物流管理系统的配合制度存在严重漏洞，突出表现为新冠肺炎抗疫初期，多地出现层层加码的通道管控、隔离防控等“一刀切”措施，导致路网阻断，严重影响应急物流管理和后续工作的有效开展。

3. 缺乏共建共享的应急物流管理信息平台

近年来，我国物流业信息化快速发展，成为现代物流发展的基础，其中物流信息平台是物流高效运作的重要保障。物流信息平台应包括物资需求信息平台、物流资源信息平台、通道以及运输信息平台等。然而在实际运作中，由于缺乏可供应急物流管理和运作调度的官方专用信息平台，在突发事件发生后，应急物资分配需要层层审批，物资运输和调度需要许可，基本保障需求难以获取，从而导致延误。此外，应急管理部门无法通过物流管理信息系统及时了解和掌握应急物资的来源、需求和供给，以及运力的数量和能力等重要信息，无法对应急物流做到实时掌控，难以制定正确的应急物流管理方案和决策，导致总体运作效率低下。

学习贯彻党的二十大精神推进应急管理体系和能力现代化

第二节 应急物流管理系统设计和构建

本节主要讨论应急物流管理系统的设计与构建，主要从设计、构建步骤以及保障方法等角度对其进行详细的介绍。

一、应急物流管理系统的设计①

（一）应急物流管理系统的基本要素

传统物流管理系统的基本要素可以概括为“三种流”——物资流、信息流、资金流。而在应急物流管理系统中，从系统与供应链的角度来看，除了这三种基本要素之外，还包括人力与知识这两个要素。对于这五个要素，在第一章第二节应急物流的内容中已经做过介绍，在此不再赘述。

从风险和应急管理角度来看，以上五种基本要素中的任何一个遭到破坏，都可能对其他要素甚至整个管理系统造成直接的影响。例如，信息的缺失会导致决策者对需求缺乏有效的评估或存在误判，从而导致应急物资缺口的产生。因此，设计和构建应急物流管理系统的关键在于，将上述五种要素整合成一个完善的有机体，从而赋予应急物流管理系统充分和快速的响应能力。

（二）应急物流管理系统设计思路

开展应急物流管理系统设计时，需要明确管理系统的多元化设计理念，掌控基本的设计方向，保证在突发事件发生时，使应急物流系统可以有效运行。另外，应基于应急物流管理系统基本要素、环节等相关内容，以协调互动、高效运作为系统设计基本目标，进一步提升应急物流管理系统的统一性和协调性。综上所述，在开展应急物流管理系统设计时，需要合理布局和规划，既要保障应急物流系统的时效性，同时还要协调统一，满足各项具体物流环节的根本性需求。

由于我国幅员辽阔，因此需要在应急物流管理系统中设计多个应急物流管控中心，以满足不同区域的应急物流需求。一方面，应急物流管理系统的设计要以我国当前社会道路交通、地理环境等为依据，在现有应急物流运输体系的基础上实现有效提升；另一方面，应急物流管理系统中的物资获取、运输、配送、分发等相关环节，需要开发相应的管理系统应用技术，以确保可以随时随地了解应急物流管理系统的运行和工作情况。

（三）应急物流管理系统设计原则

应急物流管理系统的最终目标就是以最短的时间、尽可能低的成本获得所需要的应急物资，并以适当的运输工具，把应急物资在适当的时间运送到适当的需求地，并以适当的方式分发到需求者手中。应急物流的特点决定了应急物流管理系统须遵循如下设计原则：

1. 灾前防范与灾后应急相结合

应急物流管理系统的设计不能仅顾及灾后响应，而要在灾前就做好准备。例如，运输工具信息系统是应急物流管理系统的重要组成部分。在突发事件发生前，建立全国范

---

① 薛晓东．应急物流系统及其快速反应机制分析[J]．商讯，2020（33）：164-165.

围的大型运输工具信息系统或数据仓库，对于突发事件发生后信息的沟通交流、运输工具的调配等重要应急物流运作活动的高效开展，具有重要意义。

2. 时间效率重于经济效益

应急物流的高不确定性、时间敏感性、多样性和复杂性决定了在应急物流管理系统的设计中时间效率重于经济效益。不同于普通的商业物流管理系统主要侧重于增加利润、减少成本，应急物流的最终目标是保证应急物资尽快送到灾民手中，减轻灾民因缺乏应急物资而导致的痛苦与损失。因此，应急物流管理系统要对应急物资的采购、运输、配送等环节进行合理设计，对应急物流全过程中的运输能力、车辆调度、储备库选址等问题进行比较分析，以保障应急物流的时效为前提，给出合理的应急方案和决策。

值得注意的是，虽然对于应急物流管理系统而言，时间效率重于经济效益，但这并不意味着应急物流管理系统的设计和建设应以经济性为原则。毕竟相对来说，突发事件是一种小概率事件，如果忽略经济性去建设应急物流管理系统，势必造成巨大的资源浪费。因此，建设应急物流管理系统应本着“平战结合”思想，充分合理地利用现有的社会应急资源。

3. 整体规划，逐步完善

应急物流管理系统的建设需要不断发展和完善。总结分析历次突发事件，借鉴国外先进的应急管理经验，立足于我国基本应急物流现实和需求，充分考虑灾害事件可能出现的各种复杂、严峻的情况，有助于做好顶层设计和整体规划，并分阶段、有计划、有组织地实施和完善应急物流管理系统的建设。

4. 政府统筹全局，多方协作参与

正如之前所提及的，应急物流管理系统的设计和构建，仅仅依靠政府是难以完成的，需要在政府主导下，引导多方力量广泛参与。由于应急物流管理涉及储存、运输、配送等环节和多个主体间的配合，因此需要统一的管理机构进行全局统筹和协调。例如，在现有政府机构设置的基础上，按照中央、省、市、县四级应急物流管理体系，整合政府部门、行业协会、高校、研究机构以及企业的力量，包括一定数量的有较高造诣、富有工作经验的应急技术和管理专家，组成体现专业、常设等特点的地方乃至国家层面的应急物流管理领导小组。

二、应急物流管理系统的构建①

应急物流管理系统的构建主要分为以下5步：

第一步，制定系统构建目标。建设应急物流管理系统的主要目标，就是实现由应急物流指挥中心对应急物资、车辆、人员进行统一监控调度，对物资的采购、仓储、运输、配送和分发等流程进行全程的跟踪管理，同时对车辆和人员进行优化调配，一方面可以降低应急物流成本，另一方面可以提高应急物流管理效率和效益。应急流管理系统

---

① 雷根平，魏晓梦．基于物联网技术的应急物流管理系统研究与设计[J]．智库时代，2018（38）：2.

的基本目标与任务大致分为三个层面：第一，灾前准备层面。应做好日常巡检、动态监测，提前辨识并发现灾害隐患。其中，在各地设立应急物资储备库，优化物资库存，制定科学、合理的应急物流预案，定期开展应急物流常态化宣传和演练。第二，灾中响应层面。重点在于合理调度应急资源，科学配置人员、车辆，规划运输路径和支干线，实行动态调整；针对不同等级的物资需求，采取不同的应急运输方式。第三，灾后恢复层面。启动恢复计划，提供灾后救济救助，重建被毁设施，尽快恢复正常的社会生产生活秩序，并进行灾害评估等善后工作。

第二步，明确决策和系统框架。根据应急物流管理系统设计原则，应构建紧密协同配合的多级应急管理体系。其中，中央应急管理部门负责领导和协调，地方应急管理部门为其常设的政府工作机构，各个部门之间应实现物流信息的双向传递，一旦突发事件爆发，可及时对应急物流管理活动进行整体统筹指挥和部署。

第三步，系统基本功能设计。在构建应急物流管理系统时需要了解系统的基本功能，以便有针对性地进行系统搭建工作。一般的应急物流管理系统基本功能如表2-1所示。

表2-1　应急物流管理系统基本功能

系统功能	功能介绍和描述
应急物资采购管理	在应急物资采购时，确保供应商在规定时间内将符合标准的物资送达指定位置，并对其进行规范化管理；做好物资采购计划、订单管理以及结算方面的工作，确保应急物资采购工作顺利运行
应急物资库存管理	利用互联网技术对应急物资的库存进行控制，对库存物资的种类和数量进行整体规划；利用数据分析，严格按照采购计划对出入库物资进行管控，同时还可对存储状况进行实时查询，实现库存高效、科学化管理
应急物资装配管理	根据应急需求，对物资进行分拣和配送。首先应制定装配计划，明确物资种类和数量；然后按计划进行分拣，对货物的编码进行扫描、计数和记录等；最后根据运输车辆的容积和载重量等情况，合理配送物资
应急物资调度管理	利用导航技术对车辆的运输路线、位置及实时状态等信息进行管理，根据突发事件的发展进程，及时调整调度方案；根据定位功能，实时监控车辆运行状态，确保车辆安全运行
应急物流监控管理	包括对应急物资、车辆以及系统工作人员进行监控管理，其目的是确保各个环节高效运行：一方面为掌握全局和方案的调整提供依据，另一方面实现资源的优化配置，保证各项工作有序、高效运行
应急物资信息发布	救灾和指挥中心需要及时掌控应急物资的实时状态，并将应急物资的实时状态向应急机构和公众进行公示

第四步，搭建系统数据库。应急物流管理系统数据库是应急物流管理系统能够正常运行的保障，各个系统功能的发挥都需要在数据库中提取相应的数据信息，同时应急物流运作过程中产生的数据信息也会保存在数据库中，包括专题数据、业务数据、共享数

据等。所以数据库的搭建是应急物流管理系统建设的重要组成部分。

第五步，畅通应急物流管理系统的运行流程。管理系统构建得合理与否，不仅关系到系统运作效率的高低，而且会影响各项系统功能的发挥。因此，在计划构建应急物流管理系统时，也需要研究应急物流的运作流程，为合理确定管理系统各要素目标与功能定位提供参考依据。应急物流管理系统的基本运行流程如图2–2所示。

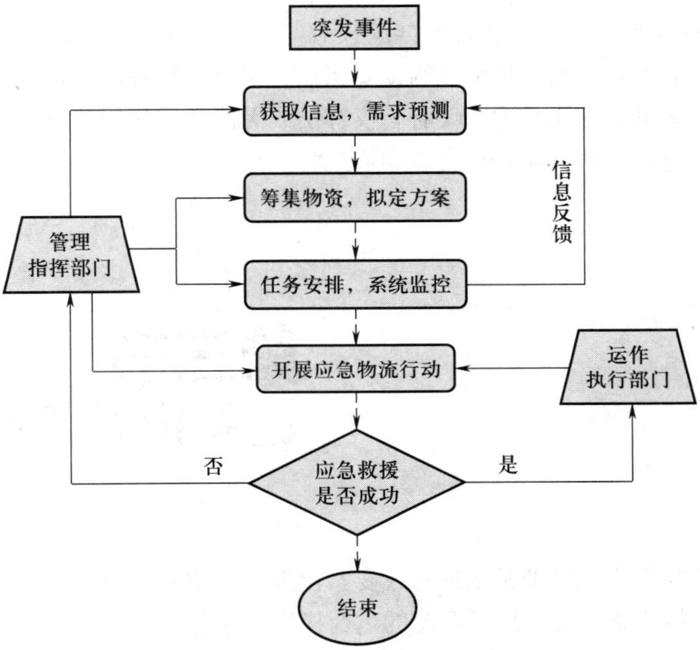

图2–2　应急物流管理系统的基本运行流程

三、应急物流管理系统的保障机制

应急物流管理系统的保障机制是指在突发事件发生后，保障应急物流管理系统能够持续高效运转，完成系统的各项功能，实现系统的整体目标所应具备的运行条件和制度。一般可分为以下三类：

（一）政府协调机制

紧急状态下处理突发事件的关键在于政府对人力、物力和财力等有限资源进行有效协调、动员和调用。具体而言，应及时提出解决应急事件的处理意见、措施或指示；组织筹措、调拨应急物资、应急救灾款项；紧急动员相关单位生产应急抢险救灾物资；采取一切措施和办法协调、疏导或消除不利于灾害处理的人为因素和非人为障碍。

（二）信息反馈评估机制

应急物流管理系统各环节运行是否有效，有无瓶颈或短板，这些问题都有待于做出及时、正确的回答。有效的信息反馈评估机制可以适时地反映管理系统的薄弱环节和瓶颈，从而为及时改正错误、改进流程、提高系统效率提供解决方案和策略。

（三）政策法规保障机制

从世界范围来看，在应对突发事件的时候，国家相关应急管理法律法规起着重要的作用。一方面，相关法律可以保障在特殊时期、特殊地点，特殊人群的秩序和公正；另一方面，可以规范普通民众在非常时期的权利与义务、可为与不可为。应急物流管理系统中的法规机制实际上是一种强制性动员机制，也是一种强制性保障机制。例如，在发生自然灾害或公共卫生事件时，政府有权有偿或无偿征用民用建筑、工厂、交通运输线、车辆、物资等，以解救灾和赈灾的燃眉之急。

第三节 应急物流管理子系统

本节主要从应急物流管理系统的构成要素出发，介绍几种应急物流管理子系统，并且在此基础上分析应急物流管理子系统的运行机制和主要功能作用。

我们知道，应急物流管理系统是一个由若干相互联系、相互制约的应急管理活动构成的有机复杂整体，其中涉及政府、应急管理组织、物流企业等不同层次的参与主体，也涵盖了采购、储备、运输、配送等不同物流环节，还包括信息、法规、人才、资源等不同的构成要素。从不同的角度，应急物流管理系统可以划分为不同的结构和组成，即不同的应急物流管理子系统。

一、应急物流管理子系统的分类

图2-3描述了各类应急物流管理子系统及它们之间的关系。可以看出，常见的应急物流管理子系统包括应急物资子系统、信息管理子系统、资金管理子系统、物流管理子系统以及人力资源子系统。

1. 应急物资子系统

应急物资子系统主要考量的是应急物资的数量规模、品种结构、布局形式、生产能力、存在状态等相关构成要素。应急物资子系统的动态运作将主要在需求者、中转站、供应者之间进行，重点围绕应急物资的生产、存储、调用、分发、回收等应急物流活动。

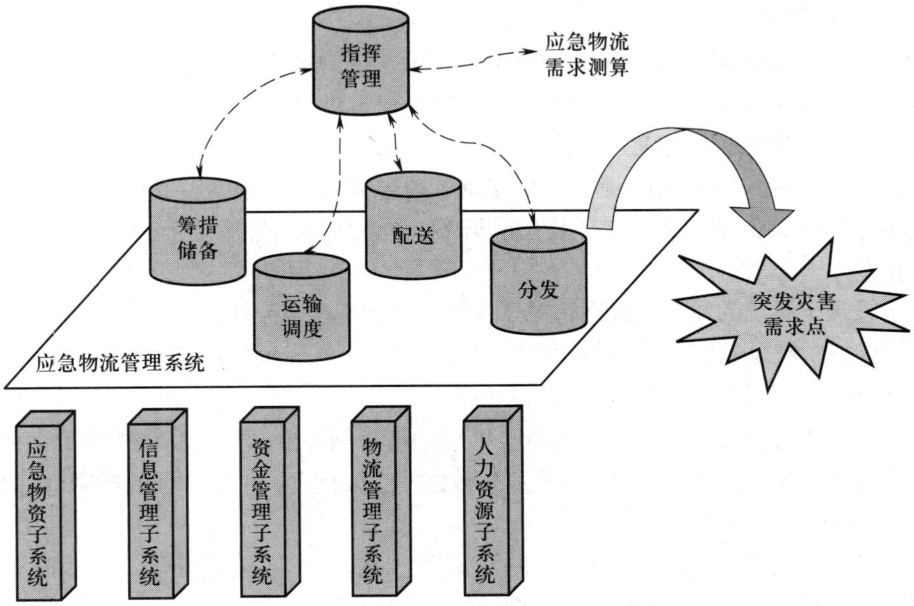

图2-3 应急物流管理子系统

合理储备对于应急物流物资子系统的建设具有非常重要的意义。我国对于应急物资的储备一般采用“平战结合”思想，即部分物资由政府按照应急物资特性和所需时间、数量，分优先级进行管理；剩下部分物资则在政府主导的前提下，整合行业与社会的相关资源，进行日常协助储备。目前，我国正着力建设国家、军队、地方、市场、家庭“五位一体”的应急物资储备体系，旨在优化应急物资储备的规模、品种、结构、布局，使应急物资集中储备和分散储备有机结合，能够有效保障应对突发事件的需要，构建具有中国特色的应急物资储备体系。

2. 信息管理子系统

信息管理子系统主要指用于应急物流需求感知、传递、分析、汇总、反馈的信息系统，相当于应急物流的神经系统。信息管理系统是应急物流活动得以顺利开展的保证，也贯穿应急物流活动的始终。增强应急物流信息管理能力，能够提高应急物流指挥决策的及时性、有效性和科学性。

应急物流信息管理子系统的建设是应急物流管理系统建设的重中之重，科学、畅通的信息视图，将可以为应急物资的实时流转提供数量、属性、位置信息，并能够根据突发事件应对过程的变化提供随时间变化的应急资源与应急能力的实时信息，以供应急物流的调度指挥使用。在应急物流信息管理系统的建设方面，我国正大力推进先进信息与网络技术的应用和发展，如利用互联网、无线射频等技术，建立集信息采集、预报预警、响应指挥、信息发布、动态监测、统计分析、决策管理和空间信息管理的一体化应急物流信息平台，为应急救援服务。

3. 资金管理子系统

资金管理子系统是应急物流管理系统中不可忽视的重要组成部分，其作用是负责核验财政预算、统筹救灾资金，以及接收和分配社会捐助等。具体而言，资金管理子系统的职能一般包括应急预算管理、财务支出管理、财务工作安排、资金监督以及绩效评估等，旨在为整个应急物流系统提供资金支持，通过完善财务制度、调整支出结构、整合应急资源等方式，保证应急救援工作顺利开展，在此过程中法治化、规范化和标准化显得尤为重要。①

资金管理子系统的建设和应用对提高我国应急物流资金流转的效率和质量有着十分重要的作用。科学健全的资金管理制度可以明确应急资金流转运作规范，同时还能够成为灾后进行财政监督和调查等管理工作的标准和依据。在强调应急快速响应和救援时效性的前提下，应借助行之有效、切实可靠的资金管理制度来指导资金筹集和调拨等方面的工作，强化应急物流财政信息公开机制，规范应急救援拨款、社会捐助等方面的透明管理要求。

4. 物流管理子系统

应急物流管理系统本质上仍然是基于采购、储备、运输、配送、发放和回收等应急物流基本活动环节，来分析突发事件应对过程中人员与组织、物资、信息的协调运作方式的，应急物流管理系统的运作和组织最终都将着落在应急物流各环节的活动上。因此，必须要有合适的物流管理子系统来进行统筹规划。

关于物流管理子系统的建设，一定要立足我国应急物流的实际情况。在应急物流的采购环节，要充分发挥市场经济的调节作用，将市场机制和法律机制、行政机制有机融合，建立应急物资采购制度；同时，要建设相应的应急物资储备库，采用科学的储备策略，提高库存管理的科学、合理性；在应急物流运输环节，要将多种运输方式相结合，建立立体化的陆、海、空应急物流运输体系，充分考虑利用卫星等先进信息技术进行实时监控；对于应急物资的配送、发放和回收，应急物流中心的建设至关重要，同时，要注重可重复利用的应急物资的回收及清理工作等，完善逆向应急物流网络结构。

5. 人力资源子系统

在该子系统中，人力资源包括应急物流指挥决策人员、科研工作人员、专业技术人员、操作使用人员等各级各类专业人员，是应急物流系统的能动力量，也是应急物流活动的主要参加者、执行者，关乎整个应急物流管理水平的高低，也决定着应急物流组织体系的构成，有助于实现应急物流系统实体要素与功能要素的调整。

针对我国目前应急救援中物流参加主体众多、管理困难等问题，我国应急物流人力资源子系统的构建应注意以下两点。第一，设立合理的责权结构，规范各方参加主体的行为，本着职权清晰、权责明确的原则，按照突发事件级别和规模分层级明确工作和职责。第二，通过系统的教育训练和有效的思想政治工作，提高专业人员的业务素质和工作能力，调动其积极性、责任心和主观能动性，以提高应急物流作业效率，增强应急物流人员专业水平和能力。

---

① 徐东，黄定政．应急物流体系的构成[J]．物流技术与应用，2008，13（8）：3.

二、应急物流管理子系统的设计与构建——以信息管理子系统为例

在众多应急物流管理子系统中，信息管理子系统是最复杂、最重要的子系统，几乎覆盖整个应急物流运作流程，以保障应急物流的顺利运作和及时调整。不同于普通的物流信息系统，应急物流信息管理子系统具有信息化程度高、运作模式复杂、系统开放程度高以及管理操作专业化要求高等特点，这也对信息管理子系统的设计与构建提出了考验。下面将从基本机制、设计原则、功能模块以及构建框架等角度对其进行详细的介绍。

（一）基本机制

应急物流信息管理子系统包括如下基本机制。

1. 灵敏的预警反应机制

一些突发事件在全面暴发之前往往会有一些前兆，如台风形成之前的强气流、洪涝灾害一般伴随强降雨等，这就给信息管理系统的提前预警和反应提供了可能。因此，我们要加强对各种临界指标的分析和研究，使信息管理系统具有灵敏的预警反应能力，从而掌握顺利开展应急物流活动的主动权。

2. 规范的应急转换机制

应急物流大量的工作和信息发生在平时状态向应急状态转换的结合部，这既是信息保障的重点，也是难点。虽然不同的应急任务对应的信息流的内容、流量有所差别，但是信息管理系统的展开和运行流程是相似的。因此有必要建立规范的信息保障转换机制，防止混乱和无序的产生。

3. 科学的决策处理机制

提供应急物流各环节的信息只是信息保障的第一层功能，信息管理系统应更广泛地参与决策处理。在充分了解应急物流运作原理的基础上，通过分析大量的数据和信息，建立优化模块，优化应急物流流程和日常管理，从而提高应急物流的决策效率。

4. 及时的反馈评估机制

有效的反馈评估机制可以适时地反映物流系统的薄弱环节，从而为及时改正错误、改进流程、提高效率提供帮助。

（二）设计原则

应急物流信息管理子系统的设计主要依据以下原则：

1. 系统性原则

现代物流的最终目标是要达到人流、物流、资金流和信息流的最佳融合，单一的信息管理系统是难以完成这项任务的。因此信息化建设的过程必须贯彻系统性原则，将信息管理系统建设与指挥、采购、配送、仓储系统通盘考虑，达到信息的无缝连接。应急物流是常规物流的特殊形态，其信息保障同样要求满足系统性要求。

2. 兼容性原则

由于应急物流系统中各主体（如不同的企业）本身都可能有一套信息管理系统以保

证各自正常作业的实现。信息平台应具有兼容各系统的能力，实现相互间的无缝连接，因此需要兼容性。

3. 社会性原则

由于应急物流通常是国家或者社会非营利组织的社会活动，整个应急物流过程与社会大环境密不可分。因此，信息管理系统建设必须以社会公共信息平台为基础。同时，应急物流信息管理系统的建设需要多方协调配合，不可能仅仅依靠某一个主体，而必须依托于社会性的整体力量。

4. 经济性原则

在保证了前3点原则的情况下，应尽可能提高效率、降低应急物流的成本，这体现了应急物流的经济性原则。

（三）功能模块

在上述原则的基础上，即可进一步设计应急物流信息管理子系统的具体功能模块。根据时间顺序，这些功能可以大致分为以下6个模块，具体如表2-2所示。

表2-2　应急物流信息管理子系统功能模块

功能模块	内容描述	主要功能
监测预警模块	接收和整合各专项部门的监测数据和预警建议，对跨部门和区域的监测预警信息的整理分析，为应急物流管理系统提供决策支持	汇聚灾害监测预警数据、综合数据分析、潜在风险追踪、预警信息公布
预案和辅助决策模块	针对突发事件提供灾前应急管理预案，利用研判结果，结合应急物流管理系统和工作流程，利用空间地理系统，为应急指挥决策部门掌握灾情信息，调配应急物资等提供支持，便于掌握事发态势，优化资源配置，制定救援方案	预案模板、结构化处理、流程绘制、资源配置、应急响应、空间可视化、突发事件定位、应急资源分布、综合信息展示
应急指挥调度模块	以突发事件为驱动，辅助应急处置人员通盘掌握事件处置情况；部署和调度相关资源，实时动态回传，跟踪事件处置进展，分发任务，协调执行过程中出现的问题，并进一步采取相应的应对措施	应急响应、预案辅助、任务指令、进展汇报、视频调度、电话调度、精准指挥、机构管理、人员管理、一键通信
应急资源保障模块	在建立应急物流管理资源数据库的基础上，实施对专业队伍、救援专家、救援装备、视频监控等应急资源的动态管理。在突发事件时，应急指挥人员通过应急物流管理平台，迅速调集救援资源进行有效的救援，为应急指挥调度提供保障	应急专家管理、应急物资管理、应急队伍管理、避难场所管理、医疗救护管理、视频监控管理

续表

功能模块	内容描述	主要功能
统计评估与反馈模块	记录突发事件的应急处置过程，再现应急物流管理过程；按照评价模型对应急过程前的物流能力、过程中的及时性、过程后的有效性进行分类和综合评估，生成评估报告	突发事件态势评估、应急物流管理过程评估、系统总结报告管理
应急管理数据库模块	建设业务数据库，从逻辑上划分为基础信息库、风险隐患库、事件信息库、预案库、案例库、知识库、模型库以及交换共享库等，以便后续系统数据的管理和应用	应急物流管理系统业务数据库

（四）框架构建

完整的应急物流信息管理子系统应该实现对应急需求的预测和分析、应急资源的筹集和调度、应急物流能力的统筹与规划等功能，涵盖应急物流的采购、储备、调度和运输等环节，同时还要为应急物流的事前准备、事中决策、事后评估等服务。基于应急物流所需要的系统结构、模块、功能设计，应急物流信息管理子系统应以互联网和大数据技术为基础，搭建应急物流信息平台，其整体构建框架如图2-4所示。

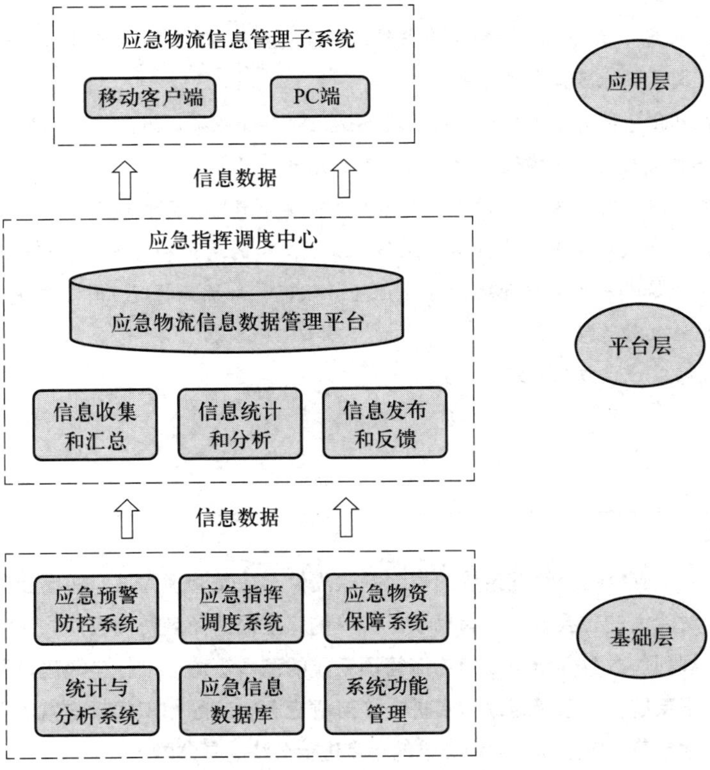

图2-4　应急物流信息管理子系统构建框架

专栏2-1：张家口市应急管理局多措并举全力做好信息化建设工作

2022年，全市应急管理信息化建设工作坚持以“智慧应急”为牵引，建强信息化基础设施，建立智能、协同、安全、高效的应用体系，充分发挥市、县区综合应用平台、应急通信指挥调度系统功能作用，推动数据共享，为张家口市应急指挥救援的高效组织提供有力技术保障。

一是完善市本级综合应用平台功能，加快推进县区（乡镇、街道）综合应用平台建设。进一步完善市本级综合应用平台应用能力和服务能力，以完善功能、满足需求、方便工作为目标。同时，加快县区（乡镇、街道）应急管理指挥、救援、调度基础设备设施和场所环境的建设，实现部、省、市、县区、（乡镇、街道）和企业六级上下贯通、互联互通，构建统一高效的全市应急指挥救援一体化体系。

二是完善应急管理大数据工程，进一步夯实综合应用平台数据资源基础。全面应用河北省应急管理“一张图”和市应急管理综合应用平台系统，充分利用“图网册频”信息化系统和安全生产动态管理系统完善全市数据治理体系，推动形成实时动态、功能完善、监管精准的应急管理数据治理体系。

三是强化安全生产监测数据接入工作，确保省厅应急信息化重点工作任务按时完成。加快建设完成县区企业监控视频汇聚平台工作，推动本县区域内危险化学品行业、非煤矿山行业以及工商贸行业相关企业监测监控数据全部接入省厅安全生产风险监测预警系统工作。各县区要在相关企业开展云视频调度系统建设工作，通过云视频调度系统，对辖区内各行业企业进行点对点视频调度，实现视频会议、指挥调度、远程培训等多种视频应用。推进全市危化、矿山（尾矿库）等行业企业开展三维建模工作，为安全生产监管、应急指挥救援、事故灾害调查等工作提供详尽、精确、逼真的空间基础地理信息数据支持。

四是加强信息化系统运维工作，进一步提高运维服务和业务保障能力。加强网络安全管理工作，将网络安全建设与信息化建设同步规划、同步建设、同步实施，进一步完善网络安全工作制度，落实好国家网络安全等级保护制度。各县区要通过自建或购买服务的方式建立稳定的信息化支撑队伍和满足应急实战需要的专业运维队伍。加强队伍的培训和管理，对视频会议保障系统、通信指挥调度系统等各应用系统开展24小时巡检、调试、维护和管理工作，发现问题及时解决，确保各应用系统的正常运行。

资料来源：张家口市应急管理局网站.

本章小结

应急物流管理系统的建设是建立健全应急管理体系、提高我国突发事件的应对能力的重要方式，有助于从整体的、全面的角度协调应急物流运作，实现统筹规划。本章介绍了应急物流管理系统的基本概念、设计与构建以及应急物流管理子系统，有助于帮助读者进一步形成应急物流的知识体系与概念框架，有利于后续章节从应急物流活动环节的角度进行分块的具体学习。

思考与练习

1. 简述应急物流管理系统与普通物流管理系统的区别。
2. 国家应急管理部的建立是我国机构改革的重大成果，试结合我国应急物流管理系统发展的问题，讨论国家应急管理部建立的意义与影响。
3. 举例说明我国的应急物流管理系统设计符合“政府统筹全局，多方协作参与”的设计原则。
4. 分析不同的应急物流管理子系统在应急物流运作中所起的作用。
5. 假设在地震的救援过程中发生了山洪、泥石流等次生灾害，请问有可能会涉及哪些应急物流管理子系统的工作，分别会做出怎样的调整？

即测即评

扫一扫，测一测

第三章 应急物流设施的选址与规划

学习目标

通过本章学习应能够：理解应急物流设施选址与规划的重要性，掌握应急物流设施选址的类型和方法，了解应急物流设施规划的内容。

导读案例

浙江省应急储备设施建设“十四五”规划

浙江省以“分类管理、分级负责、属地为主、资源整合、集约建设、高效协同、保障有力”为原则，按照既补短板弱项，又尽可能依托现有资源整合，加强跨部门、跨层级资源共享的方式，统筹优化全省物资仓储布局。

具体而言，构建以省级储备为支撑，市、县（市、区）级储备为主体，乡镇和村级储备为补充的综合应急物资储备网络，对多灾易灾地区根据实际情况适当增加建设规模和库点布局。推动高标准粮食储备仓容建设，优化完善肉、棉、糖、盐等重要商品储备设施布局。优化公共卫生类应急物资储备设施布局。进一步健全以1个省级物资保障基地、5个区域综合保障基地、8个专业救治基地为骨干，市、县两级医疗机构为基础的储备网络。支持省级医药流通储备基地建设，到2025年省级医药流通储备仓储面积达到约30万平方米。强化公共卫生应急保障技术储备，新建和优化一批技术创新和新型研发平台，推进生物医药创新公共服务平台、医疗器械检测评价和创新服务综合体等建设。加强能源储备供给支撑。强化与全省能源生产生活供给需求的衔接，重点完善宁波、舟山等沿海公共煤炭运输码头以及各大燃煤电厂煤炭储备设施，加快推动绿色石化基地等原油及成品油储运设施建设，推进沿海地区LNG接收站及内陆城市LNG气化站建设。提升仓储设施现代化水平。充分运用大数据、物联网等现代科技手段，推进“智慧储备”建设，加快省、市、县三级储备库及其配套设施标准化、智能化改造提升。

综合应急物资按照“1+4+N”模式进行总体布局，即1个省本级综合应急物资储备库、4个省级区域综合应急物资储备库（按四大都市区布局，由属地负责建设，分别代储部分省级物资）和N个市县综合应急物资储备库。综合考虑1个省本级和4个省级区域储备库的总量建设规模，对新建的省本级综合应急物资储备库建筑面积总体控制在2万平方米以内，市级库仓储面积达到3 000平方米以上，县（市、区）级库仓储面积达到1 000平方米以上，根据当地实际和现有条件进行合理布局。优化粮食仓储设施布局，全省粮食储备完好仓容达到800万吨以上。公共卫生应急物资储备主要依托省、市、县各级医疗机构，按照“1+5+8+N”模式进行总体布局，即1个省级公共卫生应急物资保障基地、5个省级区域卫生应急综合保障基地、8个省级卫生应急专业救治基地、N个市县卫生应急综合保障基地。

强化分类应急物资储备设施布局协同共享。推动市县级应急物资储备基础设施资源整合，“十四五”期间，鼓励条件成熟的市县积极开展综合应急物资、公共卫生类和抢险救援类3类应急物资储备设施“3合1”“2合1”建设。

资料来源：浙江省发展改革委关于印发《浙江省应急物资保障体系“十四五”规划》的通知.

第一节
应急物流设施选址概述

本节主要从应急物流设施选址的概念入手，将应急物流设施分为应急物资储备库、应急物流中心、物资分发点和临时安置点4种不同的类型，并对它们的选址问题进行逐一介绍。

选址问题是在有限知识的支持下，采用科学的方法研究一个或多个关键节点的选择问题，是运筹学的基本问题之一。①设施选址是选址问题的一个重要研究领域，指的是在规划区域内合理选择一个或多个设施的物理位置，以达到既定目标的最优化。其中，目标可以用距离最小、成本最低或利润最大等指标量化。设施则是指与人类生产生活相关的、用地规模相对较小的装置或场所，如工厂、仓库、变电站等。合理有效的应急物流设施选址有利于发挥应急资源的最大效益、降低突发事件的负面影响，对城市减灾和公共安全保护具有重要意义。

设施选址的分类方法多种多样。例如，按照规划区域的结构可将其分为连续选址、离散选址和网格选址问题；根据设施的数量可分为单设施选址和多设施选址问题；按照设施的空间维度可分为立体选址、平面选址、线选址和点选址问题；根据目标的数量可分为单目标选址和多目标选址问题。本书按照设施类型将应急物流设施选址问题分为应急物资储备库选址、应急物流中心选址、物资发放点选址和临时安置点选址问题四类。其中，应急物资储备库用于储存应急物资，是科学备灾、精准救灾的有力支撑；应急物流中心主要从事应急物流活动，是具有政府工作性质的、为应对严重突发事件提供应急物资保障的场所；物资发放点是指具有应急物资收发功能的、靠近需求点的应急物流节点；临时安置点则是指灾后为灾民建造的供其临时、短期居住和生活的公共避难场所。在实际的应急物流运作中，应急物资储备库、应急物流中心、物资发放点和临时安置点之间存在着复杂的联系，其基本网络关系可用图3-1表示。

一、应急物资储备库选址

应急物资储备库选址问题是建立健全应急物资储备体系所需解决的一个重要问题。根据民政部等九部门印发的《关于加强自然灾害救助物资储备体系建设的指导意见》，应急物资储备库布局不甚合理是我国目前亟待解决的问题之一，因此，研究应急物资储备库的选址问题尤为重要。应急物资储备库选址需考虑如下因素：

---

① 丛雯婧．台风灾害情景下的区域应急物资储备库选址研究[D]．杭州电子科技大学，2020.

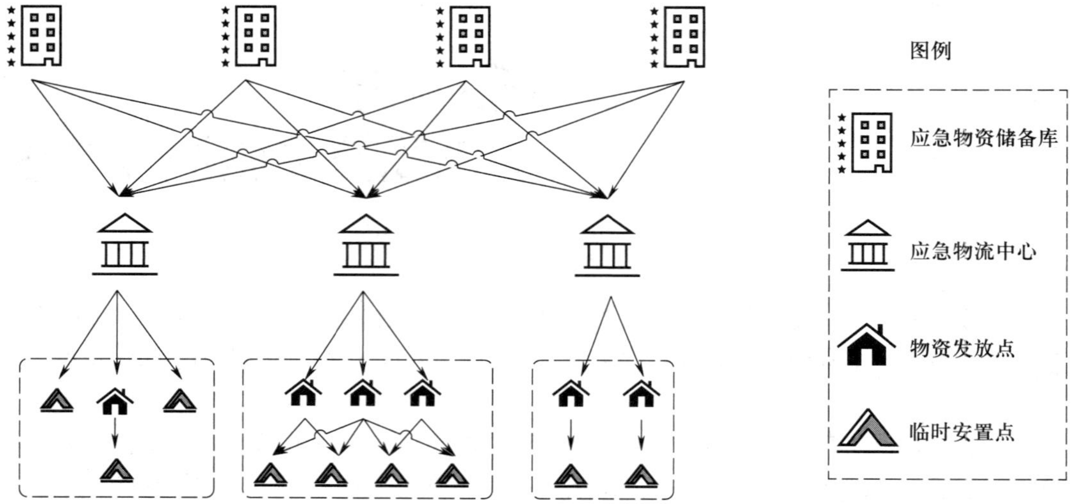

图3-1　应急设施基本物流网络结构

（一）自然环境因素

应急物资储备库的选址需要考虑自然环境因素的影响，良好的自然环境会极大地降低应急物资储备库的建造成本和物资的储存成本，同时增加容错率，减少物资储存过程中可能发生的意外情况。例如，棉被、大米等物资的储备库不宜选在十分潮湿的环境中，因为这样会大大减少物资的储存寿命，增加物资的储存成本。

（二）地域、时间因素

事实上，许多突发事件，尤其是自然灾害，具有地域性、季节性特征。以我国为例，台风、飓风灾害经常发生在夏季沿海地区，尤其是东南沿海地区，而洪涝灾害则多集中于处在汛期的两河流域；冰雪冰冻灾害一般发生在冬季，地震灾害易发于各大地震带附近，而山体滑坡、泥石流等灾害则多发于处在雨季的山地。因此，因时因地制宜，也是应急物资储备库建设的重要考虑因素。通过储备与当地易发突发事件相匹配的应急物资，可以在突发事件发生的第一时间确保应急物资的供应，这对于减少突发事件所造成的损失具有重要的意义。

（三）交通便利因素

应急物资的储备和运输往往是紧密结合的，应急物资储备的目的就是在突发事件发生时能够确保物资的供应，因此应急物资储备库的选址也尽量要求便利的交通。例如，很少有应急物资储备库建在山顶或者人迹罕至的深山老林。在考虑交通便利因素时，附近的机场、车站、港口等往往是最直观的体现。

（四）政策法规因素

应急物资储备库的建造还受所在地政策法规的影响，比如当地政府的用地建设规划等。

在充分了解上述因素的影响后，决策者需选用合理有效的选址方法对储备库候选点进行筛选，得到最优的设施布局以保证突发事件发生时应急物资的筹集与调度工作顺利进行，并在此基础上尽量降低经济成本。国内外大多数研究都采用数学建模的方式，将应急物资储备库的选址问题转化为带有目标函数和约束条件的模型优化问题，并采用各种算法辅助解决这些问题。本章第二节将详细介绍应急物流设施选址方法。

专栏3–1：洪雅县应急救灾物资储备库建设项目规划选址论证报告

为解决洪雅县应急救灾物资储备不足问题，提升救灾物资储备和监管能力，加快县城应急物资储备基础设施建设，我局组织编制了《洪雅县应急救灾物资储备库建设项目规划选址论证报告》，具体如下：

一、基本情况

拟选址范围位于洪雅县中心城区洪川镇，处于西环线及修文路交叉口东南侧。用地面积2 556平方米（约合3.83亩）。项目用地为政府已收储土地，现状为空地，地势平坦，工程及水文地质情况良好，用地权属明晰。

根据四川省自然资源厅《关于建设项目规划选址和用地预审阶段相关论证合并办理的通知（试行）》《关于做好近期国土空间规划实施管理有关工作的通知》等政策要求，该项目属于符合继续执行的土地利用总体规划，但不符合城乡规划的建设项目，因此，以项目为单位开展选址方案专题论证。

二、规划要点

（一）规划情况

项目用地北邻四川洪雅城关粮食储备库，东侧为祝河坎村，整体属于政府已收储范围线内，用地权属明晰，适合开发建设。规划总建筑包含面积800平方米，其中新建储备库房552平方米，生产辅助用房77平方米，管理用房86平方米，附属用房85平方米。控制指标建议：容积率≥0.3，建筑密度≥30%，建筑限高≤18米，绿地率≤20%。风貌引导：采取主体现代建筑风格，建筑不宜过高，储备库库房宜为单层，净高不低于6米，当必须采用多层库时，不宜超过3层；库房外墙面色彩应与周边建筑协调，以暖色调为主，简洁大方，自然和谐。

（二）论证必要性分析

加快建设洪雅县应急救灾物资储备库建设项目，不仅是贯彻落实《国家自然灾害救助应急预案》要求，也是洪雅县开展应急救援工作的迫切需要。项目建设有利于救灾物资的监管，有助于完善突发性紧急救助体系建设，增强地方政府应对突发事件时物资保障能力，维护区域社会稳定，项目的建设十分必要。

（三）论证可行性分析

经方案论证，项目用地性质为物流仓储用地（1101），属于鼓励类的应急物资储备基础设施建设项目，符合国家现行产业政策；符合《四川省洪雅县城市总体规划（2014–2030）》相关要求及区域发展的长远利益；符合《洪雅县洪川镇土地利用总体规划（2016–2020）》要求，不占用基本农田，不涉及规划强制性内容；项目满足《洪雅县城乡规划技术管理规定》相关建筑间距及退距要求，对周边建筑无影响。选址对地质、水文、文物古迹、微波通道、军事设施保护和国家安全等特殊要求无影响。因此，确定本次论证是可行的。

（四）规划用地性质及相关的控制性指标

规划用地性质：物流仓储用地（1101）；

规划用地面积：2 556平方米（约合3.83亩）；

容积率：≥0.3；

建筑密度：≥30%；

绿地率：≤20%；

建筑限高：≤18米；

其他未尽事宜均按照《洪雅县城乡规划管理技术规定》（2019）执行。

资料来源：洪雅县发展和改革局关于《洪雅县应急救灾物资储备库建设项目规划选址论证报告》的批前公示，洪雅县人民政府网站.

二、应急物流中心选址

应急物流中心是衔接应急物资储备库与应急物资发放点的重要纽带，需要根据实时应急需求信息将存储或筹措的应急物资分拣、包装、分发至下一级需求点，是应急物流管理系统建设的重要组成部分。科学合理的应急物流中心选址能为突发事件发生后的应急行动提供充足的救援保障，确保应急工作高效及时开展，降低灾害所造成的人员和财产损失。

一般而言，应急物流中心根据使用周期长短可分为兼顾应急物资储备功能的大型应急物流中心和临时设立的应急物流中心。前者一经建立就将长时间运营，服务于较大区域内的应急管理运作，有配套的人员、资金专门负责中心的运转与维护。事实上，在很多情况下这种大型应急物流中心即为应急物资储备库，两者的选址原则、选址方式也基本一致，在此不做赘述。后者一般是针对突发事件而临时设立的、仅仅服务于单次突发事件而不长期存在的物流中心，一般负责在突发事件发生后根据现实需要，在合适的地点开展应急物资暂存并及时转运分发等工作，有设施简易、选址效率高的特点。临时应急物流中心的选址通常遵循以下步骤：首先，在准备阶段，依据交通条件、容量大小、抗灾能力等因素，在目标地点选择一些适合作为临时应急物流中心的设施与场所；然后，通过反复模拟突发事件的发生场景，设置突发事件应急预案；最后，当突发事件真正发生时，根据现实情况（如部分道路、设施可能被破坏等），以突发事件应急预案为参考，决定合适的临时应急物流中心。

三、物资发放点选址

应急物资发放点的合理选址能避免物资分拨效率低下、需求供应匹配不当等问题，有助于实现应急物资的快速发放，是应急物资高效流转的重要保障和前提。本书中的应急物资发放点指的是根据实际需求而临时搭建的、集应急物资收发功能于一体的、靠近需求点的应急物流节点。目前，专门针对突发事件应急情境下的临时物资发放点选址技术尚未成熟，实践中多将应急物资发放点选址问题当作一般的设施选址问题来处理，常见的选址方法有K-均值聚类算法、重心法等。

应急物资发放点选址需考虑的因素众多，包括应急物资运输时间、辐射面积、服务人数、分拨时间、道路通行能力、组织协调便利程度、应急信息处理能力、建设成本和运营费用等。应急物资发放点选址的原则如下：

（一）就近原则

应急物资发放点的选址应该遵循就近原则，尽可能靠近受灾群众的居住地和集中安置点，缩短应急物资运输时间。

（二）方便原则

应急物资发放点的选址应考虑物资发放点的周围交通状况及突发事件发生后的道路通行能力，便于物资收发。

（三）协调原则

应急物资发放点选址应综合考虑上游的应急物资储备库和物流中心以及下游的临时安置点之间的物流供给和需求关联，协调设置各物资发放点的规模和位置，整体保障应急设施布局的最优化，切实提升应急救援行动的效率和效果。

专栏3-2：临时物资发放点在新冠疫情防控中的作用

一、240个物资投放点保障居民生活和企业复工复产

在居民保供中，长春新区提升到户实效，优化采购配送流程，在所辖三个开发区建立3个大型物资储备库，搭建240个生活物资集中投放点，发挥商超资源优势，通过协调联动携手保障民生需求。采取由供应平台集中送货至配送点，再由小区物业及志愿者组成的配送队伍送货入楼入户的配送模式，切实保障居民必需品供应。

与此同时，长春新区创新打造“配送单位—社区—物业公司”的物转模式，建立以社区书记为中枢，社区网格长、小区指挥长、物业、志愿者、消杀队伍共同参与的配送队伍体系，打通了服务居民“最后一米”。

二、设临时配送点，满足居民“刚需”

出现疫情后，朝阳区酒仙桥街道严格落实封管控措施，调配区域配送力量，确保物资及时送

至居民手中。街道设立封控区临时生活配送点，为封控区居民上门转送生活物资；积极对接封管控区内配送、电商快递、邮政等企业，统计应急生活物资配送车辆信息并发放通行证，确保封控区居民生活物资能够及时送货到指定地点。在管控区内，发挥社区网格员和志愿者作用，每个社区成立5~10个志愿者工作小组，负责向社区居民发放物资，为隔离群众提供贴心服务。实行集散点领取方式，分楼栋、分批次、分时段通知居民前往，避免人员聚集。

资料来源：长春市委网络安全和信息化委员会网站、北京青年报.

四、临时安置点选址

一些较为严重的突发事件一旦发生，往往会对基础设施造成极大破坏，导致灾民流离失所。因此，临时安置点的设立非常重要。在突发事件发生后，应尽快完成临时安置点选址工作，预防次生灾害的发生。临时安置点主要分为三类：一是在室内能提供住宿条件的临时安置点，如学校宿舍、宾馆等。二是在较大空间的室内集中安排受灾群众生活的临时安置点，如室内体育场馆等。三是在室外相对集中安排的临时安置点，如广场等。临时安置点的选址原则如下：

（一）选址环境安全

避开可能发生地质灾害、洪涝灾害等自然灾害或存放易燃易爆危险品的存在安全隐患的危险区域，保障集中安置群众的生命安全。选址的地形地貌、周边环境应适宜居住。

（二）具备生活条件

具备清洁的水源和电力供应，具备最基本的排污设施（排水条件）等。

（三）兼顾交通便利

安置点应在确保安全的前提下就近选址，便于群众就近转移安置；安置点应靠近主要公路、铁路、水运等交通网络，并有两条以上方向不同的、与外界相通的疏散道路，便于人员的紧急疏散和救灾物资调运。

专栏3-3：临时安置点建设规划要点参考

一、临时安置点的建设要求

1. 两条通道

出于安全原因，减少因洪水或道路问题使安置场所与外面隔绝的危险，安置点至少应具备两条进出道路。

2. 8米间隔

安置点之间应有8米的间隔，这样人们可自由通行，不被固定帐篷的桩子和绳索绊倒。这种间隔距离也满足消防要求。如果空地不够，不能满足此要求，居住点的间距至少应两倍于每个居住点的高度，且不能小于2米。

3. 风雨防护

应有针对恶劣气候条件（如暴雨、暴风等）的基本防护能力；建筑材料尽量选用轻质、坚固、防雨、耐热性好的材料，如木板、帆布、帐篷、油毡、苇席、茅草等，应严防棚舍倒塌压伤。

4. 通风照明

棚屋等临时住所要能遮风防雨，同时应满足通风换气和夜间照明的要求。气温高时要设法降低室温，防止中暑，气温低时应注意保暖防寒。

5. 防潮保暖

宿地要防潮、去湿、保暖，填平宿地周围的坑洼，清除杂草，排除积水，四周挖排水沟，床下或地面铺一层稻草、干草或草木灰去湿，或撒上一层生石灰吸湿，门口挂帘。

6. 排水防虫

安置点周围以及道路两侧挖掘排水沟；要注意把水从避难所、厕所、临时医疗点等处引开。为控制昆虫孳生，对难以排干的死水区可采取回填方式，对面积较小的水体也应排水，以免形成水洼。

二、安置点规划设计推荐参数

避难所（帐篷、板房）的人均面积：3.5平方米

避难所之间的间隔：8米，最小2米

每个水点的人数：250人

到供水点的距离：不超过500平方米

每个坑位的人数：男厕50人/蹲位，女厕35人/蹲位

到公厕的距离：30米~500米

供水点与公厕之间的距离：至少30米

防火：在郊区或野外应设置防火隔离带

资料来源：《自然灾害环境卫生应急技术指南（2019版）》《关于受灾群众集中安置点规范化建设的指导意见》.

第二节
应急物流设施选址方法

本节主要介绍解决不同设施选址问题的常见方法，包括层次分析法、p-中值法以及重心法。

设施选址问题的研究起源于著名的Weber问题，即1909年德国经济学家韦伯为使得仓库到多个顾客间的总距离最小提出的单个仓库选址问题。1963年，库珀正式提出了设施选址问题，即facility-location问题，并初步探讨了相关求解方法。此后选址问题的研究进入一个更广阔的领域，学者们开始针对多目标选址和决策进行研究，但选址模型仍主要为确定型的选址模型，模型求解能够得到唯一确定的最优解。20世纪80年代，随着市场变化的加剧，实际生产生活中运输时间、需求量、需求空间以及设施建造成本等输入变量不确定性增加，以往静态、确定型选址模型与方法已不能适应市场的变化，学者们开始重点关注设施选址中的随机性问题和不确定性问题，并采用更为先进的算法求解。①随着人们对设施选址问题研究的深入，用于解决选址问题的方法和模型也层出不穷。

虽然应急物流设施选址问题的研究背景、优化目标和约束条件等与常规设施选址问题存在差异，但可以在一定程度上相互借鉴。目前可以通过建立数学模型并设计相应算法筛选应急设施位置，也可以采用综合评价方法对备选方案进行排序从而选择最优应急设施位置，还可以将综合评价方法与优化模型结合，得到较优的应急物流设施选址决策方案。②本书将从应急物流设施类型入手，介绍常用选址方法。

一、层次分析法

应急物资储备库以及兼顾应急物资储备功能的大型应急物流中心的选址方法多种多样，总结起来主要有五种：解析方法、最优化规划方法、启发式方法、仿真方法和综合因素评价方法。下面介绍如何应用综合评价方法中的层次分析法（Analytic Hierarchy Process，AHP）解决应急物资储备库选址问题。

20世纪70年代，美国运筹学家萨蒂教授提出了层次分析法③，该方法是一种用于解决多目标复杂问题的定性与定量相结合的决策分析方法。这种方法将定量分析与定性分析结合在一起，用决策者的经验判断各衡量目标之间的相对重要程度，并合理地给出每个决策方案的标准权数，利用权数求出各方案的优劣次序，以此处理难以定量分析的选址问题。该方法适用于缺乏一定的数据且目标结构较为复杂的情况。层次分析法的具体步骤如下：

（一）建立递进层次结构模型

在分析现有实际问题的基础上，将目前有关联性的各个因素，按照不同的属性自上而下地分解成若干个层次，同一层的因素从属于上一层的因素或对上一层因素有影响，同时又支配下一层的因素或受到下层因素的作用。最上层为目标层，通常只有1个因

① 侯云先，翁心刚，林文，张志勇．应急物流运作[M]．北京：中国财富出版社，2014.
② 丛雯婧．台风灾害情景下的区域应急物资储备库选址研究[D]．杭州电子科技大学，2020.
③ 常香云．基于模糊层次分析法的逆向物流处理中心选址优化[J]．科技管理研究，2008（1）：4.

素，最下层通常为方案或对象层，中间可以有一个或几个层次，通常为准则或指标层。当准则过多时（如多于9个）应该进一步分解。

（二）构造比较判断矩阵

从层次结构模型的第二层开始，对于从属于（或影响）上一层各个因素的同一层诸因素，用成对比较法和1~9比较尺度构造成对比较矩阵，直到最下层（见表3-1）。

表3-1 因素判断

因素 i 比因素 j	量化值
两个因素同等重要	1
两个因素稍微重要	3
两个因素较重要	5
两个因素非常重要	7
两个因素极端重要	9
两相邻判断的中间值	2，4，6，8

且判断矩阵有这样的性质：

$$a_{ji} = \frac{1}{a_{ij}}$$

（三）层次单排序以及一致性检验

对于每一个成对比较矩阵计算最大特征根 $\lambda_{\max}$ 及其对应特征向量，归一化后记为 W。W 的元素为当前层次某因素对于上一层某因素相对重要性的排序权值，这一过程为层次单排序。定义一致性指标 $C = \frac{\lambda - n}{n - \lambda}$：$C = 0$，有完全的一致性；$C$ 接近0，有满意的一致性；C 越大，不一致越严重。为了权衡 C 的大小，引入随机一致性指标 R（见表3-2）。

表3-2 随机一致性指标

n	1	2	3	4	5	6	7	8	9	10	11
RI	0	0	0.58	0.90	1.12	1.24	1.32	1.41	1.45	1.49	1.51

定义一致性比率为：

$$CR = \frac{C}{R}$$

一般情况下认为一致性比率$CR < 0.1$时，不一致程度在可容许范围之内，有满意的一致性，通过一致性检验，可以用其归一化特征向量作为权向量；否则要重新构造成对比较矩阵A，对a_{ji}加以调整。

（四）层次总排序及其一致性检验

计算最下层因素对最高目标的相对重要性的权值的过程，为层次总排序。这一过程为从上往下计算，如图3-2所示。

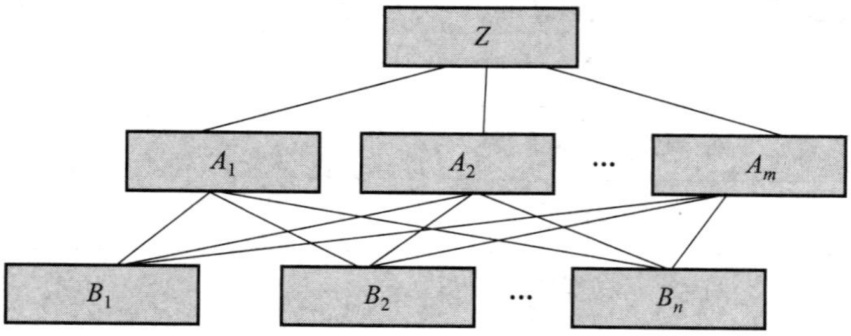

图3-2 计算层次总排序

A层是m个因素A_1，A_2，A_3，…，A_m。

A_m对于最高目标Z的排序为a_1，a_2，a_3，…，a_m。

B层是n个因素B_1，B_2，B_3，…，B_n，对于次一目标A层次的排序为b_{1i}，b_{2i}，b_{3i}，…，b_{mi}（$i = 1 \cdots m$）。

因此，B层的层次总排序，即B层第i个因素对总目标的权值为$\sum_{i=1}^{m} a_i b_{ji}$为：

$$B_1 = a_1 b_{11} + a_2 b_{12} + \cdots + a_m b_{1m}$$
$$B_2 = a_1 b_{21} + a_2 b_{22} + \cdots + a_m b_{2m}$$
$$\cdots$$
$$B_n = a_1 b_{n1} + a_2 b_{n2} + \cdots + a_m b_{nm}$$

层次总排序的一致性比率为：$CR = \dfrac{a_1 C_1 + a_2 C_2 + \cdots + a_m C_m}{a_1 R_1 + a_2 R_2 + \cdots + a_m R_m}$，当$CR < 0.1$时，认为层次总排序一致性检验通过。

二、p-中值方法

p-中值方法是临时选址中常用的一种优化模型，是指在一个给定的备选临时储备仓库集合中选定p个仓库，并指派每个仓库所负责的对应的物资分发点，使之满足仓库和物资分发点之间的运输距离之和最短。该模型所解决的问题也被称为最小化问题，因为需要最小化任意分发点与其邻近仓库的距离之和。

【例题3-1】本例采用p-中值模型来解决一个确定临时储备库建设数量的选址问

题，并且为了契合应急救援的需要，算例采用运输时间概念代替距离作为问题优化的标准。算例假设有5个临时储备库备选点和6个分发点，要求从备选点中选择2个建设临时储备库，使得所有分发点到最近的临时储备库的距离之和最小。

模型目标函数为：

$$Min\sum_i\sum_j t_{ij}Y_{ij} \tag{3-1}$$

式中：Y_{ij}是一个0-1变量，Y_{ij}为1时表示储备库i负责分发点j的物资供应，Y_{ij}为0时表示储备库i不负责分发点j的物资供应，其中$i=1, 2, \cdots, 5$，$j=1, 2, \cdots, 6$；

t_{ij}是距离参数，表示物资从储备库i到分发点j的运输时间。

约束条件为：

$$\sum_i X_i = P \tag{3-2}$$

$$\sum_i Y_{ij} = 1, \ \forall j \tag{3-3}$$

$$Y_{ij} - X_i \leqslant 0, \ \forall i, \ j \tag{3-4}$$

式中：X_i是一个0-1变量，X_i为1时表示选择储备库i，X_i为0时则表示不选择储备库i，其中$i=1, 2, \cdots, 5$；

P是要求选定的储备库数量参数。

式3-2要求从备选储备库中选择P个储备库，式3-3要求每个分发点均可得到一个储备库的服务，式3-4则意味着如果储备库i服务了分发点j，则储备库i必然被选择。

运输时间参数t_{ij}矩阵如图3-3所示：

		i				
		1	2	3	4	5
j	1	1	6	4	5	3
	2	2	5	5	6	4
	3	3	4	6	3	5
	4	4	3	1	4	6
	5	5	2	2	2	1
	6	6	1	3	1	2

图3-3 运输时间参数矩阵

运用CPLEX求解可得最优解为$X_1=X_2=1$，$Y_{11}=Y_{12}=Y_{13}=1$，$Y_{24}=Y_{25}=Y_{26}=1$，其他自变量均为0，目标函数值为12，即应在备选点1和2的位置建立储备库，并且储备库1负责分发点1、2、3的物资需求，储备库2负责分发点4、5、6的物资需求，运输时间之和为12。

大多数情况下，应急物资储备库选址问题所建立的数学模型都是NP-Hard问题，即难以通过直接求解的方式得到解析解，这时候就需要采取各种近似算法进行辅助求解，常见的近似算法有贪婪算法、遗传算法、启发式算法以及衍生出来的各种各样的算法，感兴趣的读者可以参考数学建模、算法相关的文献，本书在此不做赘述。

三、重心法

重心法①将应急物流中的供需节点看成分布在一个连续平面内的物流系统，各节点的需求量和资源量看成该点的重量，物流设施选址的最优点就是物流系统的重心。重心法对备选方案不存在限制，灵活性很强，可用于解决物资发放点、临时安置点选址问题，但其没有考虑现实中的选址决策面临多重因素相互作用的影响，因此可适当根据实际情况对结果做出调整。其数学模型如下：

假设辖区内存在n个节点，位置坐标分别为：$(x_i,\ y_i)\ (i\in N)$，设最优发放节点坐标为$(X,\ Y)$，则：

最优设施位置到现有节点i间的距离为：

$$D_i=\sqrt[2]{(x_i-X)^2+(y_i-Y)^2} \tag{3-5}$$

发放系统中总的时间/物流成本为：

$$C=\sum_{i=1}^{n}V_iD_iR_i \tag{3-6}$$

对目标函数计算可得：

$$X=\frac{\sum_{i=1}^{n}\frac{V_iR_ix_i}{D_i}}{\sum_{i=1}^{n}\frac{V_iR_i}{D_i}} \tag{3-7}$$

$$Y=\frac{\sum_{i=1}^{n}\frac{V_iR_iy_i}{D_i}}{\sum_{i=1}^{n}\frac{V_iR_i}{D_i}} \tag{3-8}$$

式中：C为满足救援要求的总时间/物流成本；

V_i为节点i的数量；

R_i为最优物流节点到物流系统中其他节点的消耗；

D_i为最优节点位置到其他节点i的距离。

---

① 窦志武，邵亚楠，原智慧．物流节点选址研究综述[J]．物流工程与管理，2020，42（7）：1-4.

下面结合算例进一步展现重心法在物资发放点与临时安置点选址中的应用。

【例题3-2】假设某地在某个时刻发生一场地震灾害，在某个小灾区，现有5个村子共1万名群众受灾，生活受到较大的影响，等待政府组织的救援和帮助。其中A村有1 800人，B村有2 000人，C村有2 100人，D村有2 300人，E村有1 600人，现在需要选取1个位置建立物资发放点，用于援助受灾群众，其中每个村子的相对坐标点如表3-3所示（单位：千米）。

表3-3　各村对应坐标点

	A		B		C		D		E	
坐标/千米	x_1	y_1	x_2	y_2	x_3	y_3	x_4	y_4	x_5	y_5
	10	20	20	10	3	3	5	7	15	5
需求/人	1 800		2 000		2 100		2 300		1 600	

在受灾后，采用集中发放的方式发放应急物资，假设每位灾民只接收一份救济物资。下面使用重心法对其进行求解：

$$x_{d0}=\frac{\sum a_j w_j x_j}{\sum a_j w_j}$$

$$=\frac{(1\ 800\times10+2\ 000\times20+2\ 100\times3+2\ 300\times5+1\ 600\times15)}{(1\ 800+2\ 000+2\ 100+2\ 300+1\ 600)}=10.2\text{（千米）}$$

$$y_{d0}=\frac{\sum a_j w_j y_j}{\sum a_j w_j}$$

$$=\frac{(1\ 800\times20+2\ 000\times10+2\ 100\times3+2\ 300\times7+1\ 600\times5)}{(1\ 800+2\ 000+2\ 100+2\ 300+1\ 600)}=8.8\text{（千米）}$$

因此，将选择坐标点为（10.2，8.8）的位置作为地址，建立物资发放点。

第三节 应急物流设施规划

应急物流设施规划是指为使应急物流设施有效运行、顺利发挥应急作用，综合考虑相关影响因素后进行的设计、建造活动，包括服务应急响应目标的建筑和场地等方面。下面以兼具物资储备功能的长期应急物流中心（以下简称应急物流中心）为例，详细介绍应急物流设施规划的具体内容。①

如前所述，应急物流中心往往拥有专门的人员、资金，负责中心的运转与维护。它实际上是一个具有政府工作性质的物流组织指挥机构，是一个适应能力强、功能强大、反应灵敏的信息网络中心，有利于增强灾后保障能力，提高办事效率，减少政府的协调量和工作失误。因此，充分考虑应急物流中心的合理布局，科学地选择应急物流中心的地理位置，合理地对其规模和内部设施进行规划，显得十分重要。应急物流中心的规划内容主要包括设施规划、规模计算和平面布局三个方面。

一、设施规划

按照功能不同，应急物流中心的设施主要包含库房、生产辅助用房、管理用房、附属用房、堆场、道路和绿化区域等。

（一）库房

库房是应急物资的仓储区域，是应急物流中心最为核心的区域，库房建设的优劣直接关系到整个应急物流中心应急响应能力。库房主要包括入库区、仓储区、出库区、管理控制区和通道等。

（二）生产辅助用房

生产辅助用房是用于设备维修、清洗和缝补的场所，可以分为回收区、废料处理区、加工区、清洗区、消毒区、缝补区、整理区、设备停放区、设备维修区等。

（三）管理用房

应急物流中心在日常工作中不仅需要处理大量物资的接收和调运等工作，还需要进行必要的行政与业务管理，包括经费预算与支出、文件处理与保管、安全保卫和会务等。因此，需要设置相应的管理用房确保应急物流中心上述职能与工作的正常开展。管理用房主要包括办公室、会议室、档案室、监控室、警卫室等。

（四）附属用房

附属用房是为了保障应急物流中心职能的正常运行，为相关工作人员提供后勤服务的场所，主要包括车库、变/配电室、锅炉房、食堂、浴室、卫生间等。

（五）堆场

由于应急物资的特点，在建设室内库房的同时，还需要专用堆场，包括室外货场、观察场、晾晒场、停车场（停机坪）等，用于清点、装卸、堆放应急物资，同时也能起

① 刘利军. 应急物流[M]. 北京：中国财富出版社，2015.

到发现并消除应急物资安全隐患的作用。

（六）道路

道路是应急物流中心内部交通的主要设施，用于保障应急物流中心内车辆、物资和人员顺利进出，包括主干道、次干道、辅助道路和人行道等。

（七）绿化区域

应急物流中心内绿化覆盖面积需达到一定值，以实现美化本区域及周边设施环境、减少噪声及粉尘污染的功能。根据国家规定，物流中心内部绿化树与附属绿地，绿化设计需符合城市附属绿地规划水平。

二、规模计算

一个应急物流中心的科学规划不仅离不开合理的选址，而且还要有一个适用于这个应急物流中心发展与壮大的规模空间。适当的应急物流中心规模是一个应急物流中心资源合理利用的前提条件，可以保障其健康发展。规模计算就是通过对应急物流中心在未来发展中的应急救灾物资流量的分析，结合应急物流中心作业流程和功能设计要求，并根据物流行业相关规定及规划标准，采用定量方法和定性方法相结合的方法体系，计算应急物流中心的总体建设面积和内部各主功能区的建筑面积。

（一）基础指标数据

1. 紧急转移安置人口

本行政区域内因遭受或可能遭受自然灾害导致不能在现有住房中居住，需由政府进行安置并给予临时生活救助的人员数量。

2. 需紧急生活救助人口

不需要转移安置，但需给予临时生活救助的人员数量。

3. 需过渡期生活救助人口

本行政区域内因自然灾害造成房屋倒塌或严重损坏，需在政府应急救助阶段结束、恢复重建工作完成之前帮助解决基本生活困难的人员数量。

4. 实际救助人口

灾后实际需要政府提供救助的人数，记为 J。

5. 救灾物资救助功能参数

应急物流中心根据其救助服务区域灾情、灾种等条件，以及国家的有关规定确定所需的救灾物资种类及数量，记为 δ_i。

6. 应急物资规格

应急物资的尺寸、体积、重量等数据指标，其所需库房面积根据主要储备物资所需库房面积的一定比例确定。

（二）库房规模指标计算

一般情况下库房建筑面积计算公式如下：

$$A=\sum_{i=1}^{n}\frac{M_i}{N_i}\times\frac{1}{\alpha\cdot\beta_i}$$

式中：A为库房建筑面积；

M_i为第i种应急物资的数量，$M_i=J\times\delta_i$；

N_i为第i种应急物资的单位面积堆放数量；

α为库房堆放面积系数，取值可参见相关标准；

β_i为库房使用面积系数，取值可参见相关标准；

n为应急物资种类数量。

在设计库房规模时还需要考虑库房高度，即库房屋顶下弦与地面之间的距离，以及地面负荷强度，即单位面积的负荷能力，以上两点由保管的应急物资种类、比重堆垛高度等因素决定，设计参数需符合建筑相关标准和规范。

应急物流中心的总体规划面积需综合考虑库房面积、生产辅助用房建筑面积、管理用房建筑面积、附属用房建筑面积、堆场面积、道路及绿化面积等。详细的规模计算指标需根据应急物流中心的规划目标确定。

三、平面布局

在进行应急物流中心平面布局规划的过程中，必须对应急物流中心内设施之间以及设施内部的物流状况和相关作业情况进行分析，以明确物流的流向与流量，提高应急物流中心的运作效率。平面布局的规划步骤如下：

（一）确定作业区域功能

应急物流中心的功能是物流中心能够提供的各种物流服务的总称。根据作业区域功能不同，应急物流中心可以分为以库房为核心的物流功能区和由办公区和生活区组成的非物流功能区。

（二）作业流程分析

应急物流中心的作业流程是指为完成应急物流整体目标而进行的一系列逻辑相关活动的有序集合。应急物流中心的作业流程受到其他要素的影响和制约，一般具有多层次、多活动的特点，协调和管理的难度较大。具体而言，作业流程分析就是分析不同功能区或某功能区内部不同性质的作业，整理统计各作业阶段的储运单位及作业数量，标出各作业所在区域，即可得知各项物流作业的分布。

（三）物流和活动相关性分析

即各功能区之间的相互关系，包括定量的物流关系和定性的非物流关系。物流关系是指应急物资从进入应急物流中心直到离开的全部过程。非物流关系包括管理关系、流程关系和环境关系等，这些关系也会影响各功能区的布局。在确定了应急物流中心功能区物流相互关系和非物流相互关系后，要进一步综合它们的关系，实现各作业单位的合理布置。

（四）平面布局

即重点考虑物流费用最小化和功能区之间的相关性最大化，决定各功能区在应急物流中心的相对位置。平面布局方案中应考虑修正条件如物料搬运方法、建筑特征、道路绿化，以及实际约束条件如给定面积、建设成本、政策法规等（见图3-4）。

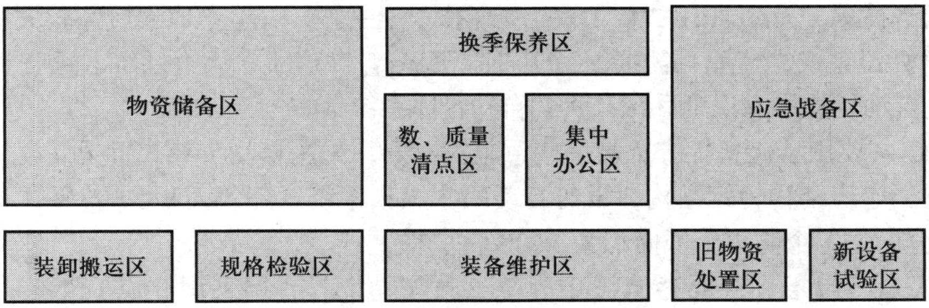

图3-4　某应急物流仓储中心平面布局

四、兼具物资储备功能的长期应急物流中心规划实例

我国西南某中央级应急物流中心的主要功能是应对自然灾害，储备和调用当暴雨洪涝、山体滑坡、泥石流、地震、冰雪风暴等灾害爆发时所需的应急救灾物资。该应急物流中心辐射西南地区，可满足应急转移安置人口86.6万所需的救灾物资储备、调运等紧急任务。总占地面积158亩①，总建筑面积26 500平方米，总有效库容3.7万立方米，拥有近万个货位，主要储备单帐篷、棉帐篷、棉被、棉衣裤、救生包、救生衣、睡袋、折叠床、移动厕所、毛毯、净水机、照明设备等生活物资（可储备帐篷5.41万顶、棉被10.83万床、棉衣裤21.65万套）和冲锋舟、橡皮艇、救生圈、发电机、挖掘机等应急救援物资。

该应急物流中心有库房（三座）、生产辅助用房、管理用房、值班宿舍、消防泵房、消防水池、门卫、罩棚货场、露天货场、观察场和可供2架直升机起降的停机坪等。其中观察场面积4 000平方米，露天货场7 000平方米，绿化面积4 000平方米。平面布局如图3-5所示。

① 1亩＝666.67平方米。

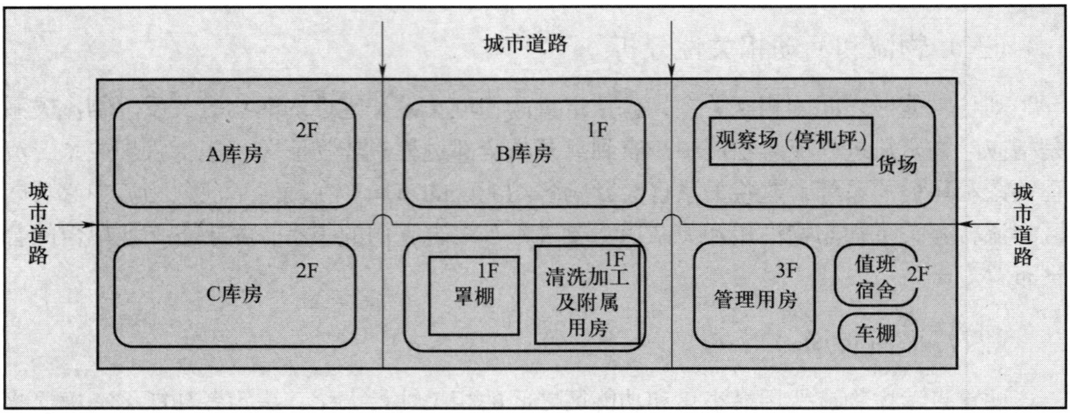

图3-5　西南某应急物流中心总平面布局①

A库房是我国首次采用的新型仓储设备，集机电一体化单元设备、自动控制技术、计算机网络技术、无线通信技术及信息管理技术于一体，一整套取放应急救灾物资的流程全部由机器完成，清库只需要18个小时。库房有自动喷水灭火系统、远程视频会议系统、全自动货物堆垛识别系统、货物自动盘库系统等。

B库房主要用于储备棉衣棉被等应急救灾物资，采用重型窄巷式货架储存，窄巷式叉车作业。库房结构为钢结构，设有自动喷水灭火系统，建筑面积5 000平方米，共设2个防火分区，每个防火分区面积为2 500平方米。

C库房分为2层，主要存储帐篷等应急救灾物资。一层采用仓储笼存储，叉车作业，二层采用中量型货架存储，轻型全电动堆高车作业。库房外围结构为轻钢门式刚架结构，内部为现浇钢筋混凝土框架结构，设有自动喷水灭火系统。建筑面积5 000平方米，每层均设2个防火分区，每个防火分区面积为2 500平方米。

应急物流中心使用的设备主要有：

（1）库房工艺设备。主要有货架、钢制托盘、堆垛机系统、输送系统、地面控制系统、电动平衡重叉车、三向窄巷道叉车、全自动打包机、触摸物资查询机等。

（2）清洗设备。主要有全悬浮水洗脱干机、全自动烘干机、空气压缩机、空气干燥过滤器、非金属液压打包机、容积式浮动盘管热交换器等。

（3）电梯及起重设备。

（4）网络通信设备。主要有机房、LED显示系统、LCD显示大屏幕系统、库房信息管理系统、计算机网络系统、服务器及存储系统、视频会议系统及会议发言系统、办公自动化系统、GPS车辆监控系统、其他办公设备等。

应急物流中心通过计算机管理，并采用条码无线射频技术、激光定位技术、无线通信技术，实现应急物资信息流和物流的结合。

① 刘利军．应急物流[M]．北京：中国财富出版社，2015．

专栏3-4：浙江省救灾物资储备库建设指导标准（试行）

一、建设规模

（一）规模要求。各级救灾物资储备库建设规模以满足本级启动自然灾害救助应急预案三级响应紧急转移安置人口数量所需救灾物资储备需求为基础，兼顾其他类别应急抢险救援物资的储备需求。各级救灾物资储备库建设规模应符合表3-4规定。

表3-4 救灾物资储备库规模建设分类表

规模分类		紧急转移安置人口数	总建筑面积（平方米）
省本级		50万人以上	20 000~30 000
市级	大	10万人以上	7 000~10 000
	中	5万~10万人	5 000~7 000
	小	5万人以下	3 000~5 000
县级	大	3万人以上	2 000~3 000
	中	1万~3万人	1 500~2 000
	小	1万人以下	1 000~1 500

（二）规模依据。以《浙江省应急物资储备参考标准（试行）》为基本测算依据，各级建设规模下限为救灾物资储备要求，上限为兼顾其他类别应急物资储备要求。多灾易灾、交通不便的市县，应按表中上限标准确定储备库建设规模，并根据实际适当增加储备库点。

二、场地库房建设要求

（一）储备库场地要求。救灾物资储备库选址应符合当地城市规划，遵循交通便利、调运快捷、储存安全、保障高效的原则。应满足以下条件：

1. 库区地势较高，地质和水文条件符合防洪防涝基本要求；

2. 远离火源、易燃易爆厂房和库房及其他有害污染源等；

3. 交通便利，宜临近铁路货站或高速公路（国道、省道）入口，内外道路应满足大型货车双向通行要求。

4. 救灾物资储备库的总平面布置应符合功能要求，做到布局合理、流程通畅。市级及以上救灾物资储备库应单设仓储区，其他功能区根据实际需要设置。库房宜与生产辅助用房毗邻，并与管理用房和附属用房相对隔离。

（二）库房基本要求。救灾物资储备库的库房宜为单层，因受条件限制采用多层库房时，不宜超过3层，库房单层净高应不低于6米。库房地坪荷载应满足货物堆放及装卸机械运输要求。库房应满足抗震、防火、防潮等要求：

1. 救灾物资储备库抗震设防标准应符合《建筑工程抗震设防分类标准》（GB 50223）和《建筑抗震设计规范》（GB 50011）相关规定。库房屋面防水等级和要求符合《屋面工程质量验收规范》(GB 50207)相关规定。

2. 救灾物资储备库应具备防火要求，消防给水和灭火设施、防烟与排烟设施、火灾自动报警系统、消防车道等符合《建筑设计防火规范》(GB 50016)相关规定。

3. 救灾物资储备库给排水系统应符合防洪排涝要求。库房地面应做防潮处理，室内地坪高于室外地坪，且不小于0.3米。

4. 救灾物资储备库的库房应采取密闭、防潮、通风、避光、隔热、防鼠、防雷等措施，满足救灾物资安全储存条件。

5. 救灾物资储备库的库房大门应方便运输，满足装卸设备出入。

三、设施设备配套要求

(一)设施配套。救灾物资储备库应根据物资储备、业务管理等功能要求，配置必要的管理用房和辅助用房。

1. 管理用房包括办公用房、安全监控室、值班宿舍等，配置信息管理系统、网络系统，实现救灾物资储备信息共享和智能化、实时化管理。

2. 救灾物资储备库辅助用房包括配电间、清洗维护房等，满足库房照明和设备运行供电需要，具备救灾物资回收、洗消、维护等功能。

3. 救灾物资储备库场地建设可设置室外货场(货场罩棚)、晾晒场等。

(二)设备配套。救灾物资储备库应配置装卸、物资保管维护等相关设备(详见表3-5)。

表3-5 救灾物资储备库设备配套表

<table>
<tr><th colspan="3" rowspan="2">项目</th><th colspan="3">类型</th></tr>
<tr><th>省级</th><th>市级</th><th>县级</th></tr>
<tr><td rowspan="3">装卸设备</td><td rowspan="2">叉车</td><td>5吨</td><td>3~6</td><td>2~4</td><td>1~2</td></tr>
<tr><td>1.5吨~3吨</td><td>3~6</td><td>2~4</td><td>1~2</td></tr>
<tr><td colspan="2">液压搬运车</td><td></td><td></td><td></td></tr>
<tr><td rowspan="3">管理设备</td><td colspan="2">通风设备</td><td></td><td></td><td></td></tr>
<tr><td colspan="2">除湿设备</td><td></td><td></td><td></td></tr>
<tr><td colspan="2">应急发电设备</td><td></td><td></td><td></td></tr>
<tr><td rowspan="2">技防设备</td><td colspan="2">监控设备</td><td></td><td></td><td></td></tr>
<tr><td colspan="2">自动报警装置</td><td></td><td></td><td></td></tr>
<tr><td rowspan="2">维护设备</td><td colspan="2">清洗设备</td><td></td><td></td><td></td></tr>
<tr><td colspan="2">维修设备</td><td></td><td></td><td></td></tr>
<tr><td>通信设备</td><td colspan="2">海事卫星电话</td><td></td><td></td><td></td></tr>
<tr><td colspan="3">管理信息系统</td><td></td><td></td><td></td></tr>
<tr><td rowspan="2">配套</td><td colspan="2">货架</td><td></td><td></td><td></td></tr>
<tr><td colspan="2">托盘</td><td></td><td></td><td></td></tr>
</table>

本标准适用于省、市、县（市、区）三级救灾物资储备库的新建、改（扩）建工程。

资料来源：浙江省粮食和物资储备局网站. 浙江省发展和改革委员会关于加快推进救灾物资仓储设施建设的指导意见.

感兴趣的读者可以通过扫描二维码了解更多的关于应急物流设施选址实例与应用。

本章小结

应急物流设施能够提高国家应对突发事件的处理能力，其建设关乎民众的切身利益。科学地选择应急物流设施的地理建设位置、合理地对其规模和内部设施进行规划是应急物流建设的重要环节。本章从应急物资储备库、应急物流中心、物资发放点和临时安置点四个类别介绍应急物流设施的选址原则和选址方法，并以兼具物资储备功能的长期应急物流中心为例详细说明了应急物流设施的规划要点。通过本章的学习，读者对应急物流设施的选址与规划应有较为清晰的了解和认知。

思考与练习

1. 思考物资发放点选址与临时安置点选址的异同。
2. 总结兼具物资储备功能的长期应急物流中心设施规划所需要注意的因素。
3. 运用综合因素评价方法（层次分析法）分析应急物资储备库选址问题的优势与劣势。
4. 如果在p-中值问题中加入不同分发点权重的考量（即考虑加权距离），应如何解决相应的选址问题？
5. 举例说明我国应急物资储备库选址建设的实际运用。

即测即评

扫一扫，测一测

第四章 应急物资的需求预测与储备

学习目标

通过本章学习应能够：理解应急物资需求与储备的概念；了解应急物资需求品种类型；掌握应急物资需求预测方法与应急物资储备方式。

导读案例

不同种类的应急物资需求

近年来，我国遭遇了各种各样的自然灾害，在重重考验之下，我国的应急物流体系也日趋完善。应急物流的基本目标是满足灾民的物资需求，因此，了解灾民所需的应急物资品种类型、数量等信息，是应急物流运作过程中的重要环节。

2021年3月29日，内江市委领导率队，到市应急管理局专题调研全市森林防火、安全生产、防灾减灾等相关工作。市应急管理局联合市粮食物资储备部门立即着手对全市救灾物资开展全面清查，截至目前，全市共储备棉被20 738床、棉大衣11 170件、棉衣裤7 352套、帐篷3 017顶、折叠床7 955张、发电机74台、应急灯1 823个，共计5.2万余件，主要救灾物资品种基本能够满足2万受灾群众的转移安置需要。

2021年7月下旬，河南洪涝灾害期间，尽管不断有政府、企业、志愿者、爱心人士等送来食物等生活物资，但是河南省新乡市下辖的卫辉市城郊乡村民在教室里打地铺所需的被子和衣服却是不够的。“有多少用多少，大家挨着睡。”近些天来，来自卫辉市、辉县、浚县、淇县、扶沟县、巩义市、荥阳市、西华县、滑县等仍在受灾的求助信息，不断在各个河南洪灾互助群中出现。负责对接后方需求、核实前方信息的民间志愿者也观察到，在洪灾头两天，居民们主要需求是方便面、瓶装水等基本生活物资。但在居民不断转移到安置点、民间救援队还在不断抢险救援的当下，来自灾区的救援内容开始变得多样。《南方周末》记者多方采访统计发现，如下物品较为紧缺：生活物资类中，虽然饮用水、方便面等较不缺乏，但被褥、折叠床、衣物、卫生纸、尿不湿、女性用品等的物资缺口仍较大；医疗消杀物资亦是急需物品，如防暑、消毒物品，常见病如感冒、退烧、痢疾等的对症药物，还有棉签、纱布、口罩、体温计等。

2021年10月，山西省多地持续遭遇强降雨，多条河流发生明显涨水过程，黄河中游支流汾河下游、沁河上游发生超警以上洪水，防汛压力增大。山西各地就近就便设立转移群众安置点，安置点生活物资保障充沛，转移群众基本生活得到妥善安置和保障。山西省救灾物资储备充裕，已紧急向大宁、平遥、介休、孝义、汾阳等重灾县市调拨棉帐篷、单帐篷、折叠床、棉衣裤、棉大衣、棉被等救灾物资。

资料来源：

山西：积极应对持续强降雨 防汛抢险灾害救助有力推进. 人民网－山西频道.

南方周末. 河南洪灾区到底急需什么：“水跟方便面真的不要再捐了”.

内江市应急管理局. 内江：全力做好应对重特大自然灾害物资保障准备.

第一节
应急物资需求概述

本节主要介绍应急物资需求的概念、品种类型以及国际应急资源类型与分类，旨在帮助读者初步了解应急物资需求的基础知识。

一、应急物资需求的概念

（一）应急物资相关概念的提出与发展

“应急物资”这一名词最早出现在20世纪90年代，常用于描述武警后勤部队应对突发事件的军需物资。2003年前后的几项重大事件促进了应急物资概念的发展和演化：其一，突发的“非典”疫情席卷全国，使得政府和国民空前重视应急问题的处理；其二，全国首个城市应急避难所（北京市应急避难场所）建成，然而，避难所内的衣食住行仍然是亟待解决的问题，这使得政府意识到应急预案和应急物资储备的战略价值；其三，民政部出台规定，要求在各级政府出台的抢险救援应急预案中必须包含“建立物资仓储中心”。自此，应急物资在相关文件中不再特指军需物资，而是开始指代防洪抢险、重大传染病疫情、地震等突发公共事件所需的物资。

2020年中国国家标准化管理委员会发布的《应急物资分类及编码》标准，将应急物资定义为“应对严重自然灾害、事故灾难、公共卫生事件和社会安全事件等突发公共事件应急全过程所必需的物资保障”。从应急物资的定义可以看出应急物资种类丰富多样，适用场景非常广泛，根据不同的应急物流目标存在多种多样的分类。

（二）应急物资需求的特点

1. 强社会性与弱经济性

大多数应急物资为市场商品，作为商品均有其价值和价格。在应急情况下，物资的社会性比经济性具有更高的优先级和地位。在需求骤增或供应短缺的情况下，物资的价格受市场影响会升高，但为保障应急物资的社会性作用，会使用调控手段控制应急物资的经济性。例如，2020年初新冠疫情发生后，受市场供求关系和企业逐利行为的影响，口罩等应急物资价格涨幅巨大，造成恶劣的社会影响。为此，国家市场监督管理总局发布《关于疫情防控期间严厉打击口罩等防控物资生产领域价格违法行为的紧急通知》，保障和加强物资的社会性，控制和减弱物资的经济性。除此之外，为尽快将应急物资运抵灾区满足灾区需求，物资运输方式的选择将遵循时间成本优先、经济成本次之的决策准则。例如，飞机和铁路救灾专列等高成本运输方式经常在救灾中被紧急使用。由此可见，强社会性和弱经济性是应急物资需求的显著特点。

2. 多样性与复杂性

突发事件类型以及处置任务需求的多样性导致了应急物资需求的多样性。应对各类型的突发事件需要满足其任务需求的相应种类的应急物资。即使同一种突发事件，需求的应急物资种类也不一定完全相同。应急物资需求种类的多样性以及负责不同功能类别的应急物资的多个单位主体，造成了应急物资需求的复杂性。

3. 不确定性

应急物资需求的不确定性一般体现在需求种类与需求数量这两方面。需求种类的不确定性一般受突发事件所造成的损害状况以及继发灾害的类型影响，而应急物资需求数量的不确定性一般取决于突发事件的规模、影响范围、严重程度和持续时间等。

4. 时间紧迫性

应急物资需求具有较强的时间紧迫性，物资供应时间越早，越能保障更多灾民的生命安全，消除灾民的恐慌情绪和紧张心理，维护灾区秩序稳定。随着时间的推移和救援工作的有效展开，应急物资的需求逐步常规化和一般化，对时间的敏感度会逐渐降低，直至不再是高度紧迫的状态。因此，在突发事件的早期和初期更需要重视时间的紧迫性。

（三）应急物资需求的内容

从应急物资需求的内容上来讲，包括四个方面：应急物资品类需求、应急物资数量需求、应急物资质量需求和应急物资结构需求。

1. 应急物资品类需求

应急物资需求的品类多种多样，在复杂多样的物资品类中，很多物资存在可替换性，又有一些物资具有独特性。在应急响应行动中，应急物资的品类过于繁杂不利于应急物流活动和救援行动的开展，反而影响救援效率；相反，过少或缺少关键品类的应急物资会阻碍和延缓救援行动的开展。因此，为每个需求或作业类型选择合适种类的应急物资是既有挑战性又意义重大的任务。筛选的应急物资应满足在具有同样功能的所有商品类型中最耐储、性价比最高、通用性更强、最便利的特征，这有利于储备、运输、发放等应急物流的各个环节工作的开展以及提高救援响应速度。

2. 应急物资数量需求

应急物资数量需求与灾害的影响程度和范围等有关，可依据影响程度和范围等将灾害分级，不同的灾害类型有不同的等级划分指标。例如，地震灾害的分级指标是死亡人口和直接经济损失，初判指标是人口密集度和震级；洪涝灾害的分级指标是洪水要素重现期或水位流量等。一般情况下，应急物资数量需求与灾害等级、严重程度、影响范围、事发区域人口密度等呈正相关。具体而言，依据应急物资需求类别不同，与需求数量相关的关键指标不同。例如，受灾人员基本生活保障物资需求量的关键指标是生活安置人员数量和物资人均需求量；抢险救援保障物资需求量的关键指标是严重程度和影响范围等。

3. 应急物资质量需求

应急物资质量需求考虑的是应急物资到达灾区后的可使用性和可靠性，并不对应急物资到达灾区的时间、成本等提出要求。应急物资到达时间、到达成本与应急物资本身的质量没有关系，是一系列物流活动作用的结果。具体而言，饮食方面应急物资应保证在有效期内，救援设备等应急物资应保证功能完好。国家对于部分应急物资已有专门的生产质量标准，如救灾帐篷。因此，企业只需要依据标准生产、储存，应急物资的质量需求即可得到保证。

4. 应急物资结构需求

应急物资结构需求是指为保障某一功能需求的正常实现，应急物资应相互匹配，满足比例关系并同时到达。例如，由于帐篷体积、重量较大，一顶完整的帐篷一般由多个包裹包装。运输和发放等物流活动中都需要相互匹配满足结构需求。应急物资结构需求可极大地减少物资发放的混乱，提高救援效率和满意度，例如，每项物资之间满足需求比例关系，帐篷、折叠桌椅、应急灯与棉被的需求比例一般为1：1：1：4。

（四）应急物资需求的时间和层级分类

从时间维度上，应急物资需求分为灾前储备需求、灾初响应需求、灾后发放需求。从需求层级维度上，应急物资需求分为宏观储备需求、中观响应需求、微观发放需求。时间维度和需求层级形成对照关系：灾前是宏观决策，灾初是中观决策，灾后是微观决策。根据应急物资需求的测算所处阶段与作用层级不同，应急物资需求分为宏观灾前储备需求、中观灾初响应需求、微观灾后发放需求。宏观灾前储备需求是指在宏观决策上，在灾害发生前预测一个区域内未来一定时期内发生的所有灾害种类所产生的应急物资的需求。中观灾初响应需求是指在中观控制上，在灾害发生之初测算一次灾害所产生的针对其所有影响区域的应急物资需求。微观灾后发放需求是指在微观操作上，在灾害发生后计算一次灾害在一定区域范围内所产生的应急物资的需求。

根据应急物资需求的特点、内容及分类，我们可以建立应急物资需求分析框架，并以此为基础开展相关研究，感兴趣的读者可以扫描二维码阅读相关内容。

二、应急物资需求品种类型

应急物资品种类型丰富多样，适用场景非常广泛，根据不同的目的存在多种多样的分类方式。表4-1是国务院部分部委印发的应急物资分类文件。

表4-1　国务院部分部委印发的应急物资分类文件

文件名称	发文单位	应急物资分类
应急物资分类及产品目录（2004年）	国家发展和改革委员会	13大类

续表

文件名称	发文单位	应急物资分类
应急保障重点物资分类目录（2015年）	国家发展和改革委员会	3大类： 现场管理与保障 生命救援与生活救助 工程抢险与专业处置
应急物资分类及编码（2020年）	国家标准化管理委员会	3大类： 基本生活保障物资 应急装备及配套物资 工程物资与机械加工设备
卫生应急队伍装备参考目录（试行）（2008年）	卫生部（现国家卫生健康委员会）	5大类： 医疗救援类装备（含药品） 传染病控制类装备 中毒处置类装备 核与放射处置类装备 队伍保障类装备

我国最早的应急物资分类及品种类型的参考文件是国家发展和改革委员会在2004年编制的《应急物资分类及产品目录》，该文件按用途把应急物资分为13大类，涵盖近250种物资及装备，在很长时间内指导了我国各类应急物资的储备和应用工作。然而，在多年的实践过程中，发现该文件存在如下问题：实用性和针对性需要加强；保障目标和保障重点的清晰度、扩展性需要增加；应急装备需要调整完善；第一时间所提物资需求不具体不实用；资源组织针对性不强；协调保障忙乱无序等。因此，基于新的发展需求和应急响应的共性特征，国家发展和改革委员会提出了新的实用规范的应急物资分类方法，编制了《应急保障重点物资分类目录（2015年）》，将应急物资分为3个大类，16个中类，65个小类，每个小类包含若干种重点应急物资名称，构建了以“目标—任务—作业分工—保障物资”为主线的分层次物资分类方法。国家标准化管理委员会在2020年发布《应急物资分类及编码》国家标准，将应急物资分为三大类：基本生活保障物资、应急装备及配套物资和工程物资与机械加工设备。

按照应急物资的用途和管理主体不同，应急物资又可以分为国家战略物资、生活必需品、救灾物资、专用应急物资与装备等。国家战略物资是指与国计民生、国防安全有重大关系的生活资料、生产资料和武器装备，包括重要原材料、燃料、设备、粮食、军械物资等，由国家专门部门负责管理。生活必需品是维持人的生命和保障人的基本生理需求的日常生活用品，主要包括粮油、蔬菜、肉类、蛋类、奶制品、糖、食盐、饮用水和卫生清洁用品等，一般是通过商品市场供应，政府通过监测、调节等手段保障其供应和价格的基本稳定（商务部统筹供应保障）。救灾物资是指用于救助受灾紧急转移安置人口，满足其基本生存需要的物资，一般要求在灾害发生24小时内提供基本救助。各级政府都建立了一定数量的救灾物资储备库，确保受灾群众有饭吃、有衣穿、有临时住所、有洁净水喝、有病能得到及时医治。专用应急物资与装备是指由各级相关部门和机构根据各自职能储备的专用应急物资和装备，主要包括地震、洪涝干旱、地质灾害、火灾、矿山事故、危化品事故、溢油事故、环境污染、公共卫生、社会安全等突发事件应急救援与处置用物资与装备。这类物资与装备的专业性很强，一般都是由专业部门储备与管理。

在医疗卫生应急保障方面，一般还存在独立的卫生应急物资分类体系。中华人民共和国卫生部（现国家卫生健康委员会）办公厅2008年印发《卫生应急队伍装备参考目录（试行）》，要求实现卫生应急队伍装备的规范化、标准化管理，全面提高卫生应急队伍的应急反应能力，同时满足平战结合、分类配置、系统配套、模块组配的原则，并将卫生应急队伍装备分为医疗救援（含药品）、传染病控制、中毒处置、核与放射处置和队伍保障五类装备。

三、国际应急资源类型及分类

（一）美国应急资源类型及分类

美国强调应急资源的性质、功能与用途分类等。与应急物资相比，应急资源还囊括了人员和团队。美国联邦应急管理署（FEMA）建立国家应急管理系统（NIMS），并为NIMS编制了资源类型库工具（Resource Typing Library Tool，RTLT），便于应急管理人员、从业者使用。FEMA从性质和用途功能这两个角度定义资源（设备、团队和单元）。按照应急资源的性质，在FEMA早期的Resource Management（IS-703）课程中，应急资源分为物资（supplies）、设备（facilities）和设施（equipment）三类。现有的NIMS定义应急资源为人员（personnel）、团队（teams）、设施（facilities）、装备（equipment）或物资（supplies）等。按照应急资源的用途功能，FEMA早期定义了八类资源，分别是应急医疗服务资源、事件管理资源、公共卫生资源、执法与安全资源、公共工程资源、搜寻救援资源、火灾和危险品资源以及动物健康资源。目前资源类型已经增加到17类共188项。188项资源按照性质有人员、团队、设施、装备、单元和车辆六大类。FEMA还发布了备灾补助计划允许的授权设备清单（Authorized Equipment List，AEL），总共包括21个大类，67个子类，188个小类，700多种装备，用于灾害准备和响应。2019年9月，FEMA发布了常用的庇护物品和服务清单（Commonly Used Sheltering Items & Services Listing，CUSI-SL）目录，包括14项庇护物品、卫生用品包（含17个物品）、9项散装的卫生用品、11项住所清洁物品、15项住所杂项物品、租赁的设备或者合同服务和婴幼儿用品包（含33项物品）等。在医疗卫生应急保障方面，美国国土安全部于2003年启动国家战略储备（Strategic National Stockpile，SNS）计划，SNS提供医疗物资的方式有两种[①]：一种叫作12小时紧急物资（12 hour push package），该类物资由100

① Centers for Disease Control and Prevention. Strategic National Stockpile[EB/OL].

多个重达50吨的储备箱组成，这些储备箱内存放有生命支持药物、静脉注射药物、绷带和呼吸维持设备以及其他一些紧急情况下使用的医疗用品和设备，有近5%的国家战略储备属于此类物资。① 另一种被称为针对性急需物资（vendor managed inventory，VMI），也称为销售商管控物资，这类物资在起运之前由那些主要的销售商存储，包括抗生素、疫苗、抗毒素、呼吸机等。

（二）红十字会与红新月会国际联合会应急资源类型与分类

国际红十字会和红新月会国际联合会（The International Federation of Red Cross and Red Crescent Societies，IFRC）作为世界上最大的人道主义组织成立于1919年，是由各国红十字会和红新月会等组成的国际性联合组织，致力于帮助面临自然灾害、冲突以及医疗和社会问题的人们。IFRC开发了一个标准产品目录（standard products catalogue），便于整合人道主义救助所需要的应急项目。IFRC将应急项目分为四个层次——大、中、小、细类，每个应急项目用9~15位的字符编码表示。大类标识为“group”，用1位字母标识；中类标识为“family”，用3位字母标识；小类标识为“category”，用4位字母标识；细类标识为“specifications”，用1~7位字母或数字标识，四层字符合起来标识一种特定商品。IFRC将应急项目的大类细分为18类，包括无线电通信、工程、食物、住房与庇护所、信息技术、图书馆、水和卫生医疗器械等。②

表4-2为汶川地震部分应急物资品种。

表4-2 汶川地震部分应急物资品种

物资大类	细分品类	具体品类
水	供水设备	应急供水设备（台）/野战净水车（台）
		净水分装车（台）
		野战淋浴车（台）
		超滤膜水质处理器（套）
		移动净水设备（台）
		便捷式净水器（台）
		饮水消毒片（万片）
		手摇水泵（台）
		水质安全在线生物预警系统（套）
		移动制水设备（台）

① 于双平，姜晓舜，王松俊．美国的灾害救援应急医疗物资国家战略储备[J]．中国急救复苏与灾害医学杂志，2008（4）：228−230．

② Icrc. Item database, codes and description[EB/OL]，2021−02−08.

续表

物资大类	细分品类	具体品类
水	矿泉水	矿泉水（卡车）
		矿泉水（瓶）
	饮用水	饮用水（卡车）
		饮用水（瓶）
	其他	饮水机（台）
		水桶（只）
		水壶（个）
		送水卡车（辆）
食物	罐装食品	罐装食品（吨）
		罐头（箱）
	火腿肠	火腿肠（箱）
	饼干	压缩饼干（箱）
		饼干（件）
	肉蛋奶	牛奶（吨）
		酸奶（箱）
		肉蛋（公斤）
		猪肉（吨）
		排骨（箱）
		蔬菜（吨）
		咸鸭蛋（箱）
		松花蛋（箱）
	粮油	粮食（吨）
		野战食品（份）
		大米（吨）
		面粉（吨）
		食品（吨）
		压缩干粮（件）
		食用油（箱）
	方便食品	方便食品（件）
		快速米饭（份）
		速冻玉米（吨）

续表

物资大类	细分品类	具体品类
食物	方便食品	玉米汁饮料（吨）
		板栗（箱）
		粽子（箱）
		八宝粥（箱）
		面包（个）
	其他	糖（箱）
		榨菜（箱）
		食盐（吨）
		奶粉（吨）
		铁锅（口）
住	帐篷	帐篷（顶）
		帐篷杆（套）
	活动板房及材料	活动板房（平方米）
		简易房材料（平方米）
	棉被衣物	棉被褥（床）
		棉衣（套）
		绒毯（箱）
		毛毯（条）
		毛巾被（件）
		蚊帐（顶）
		棕垫（床）
		睡袋（箱）
		床单（条）
		衣物（件）
		毛线针织品（件）
		运动服（件）
		秋装、夹克、毛巾被（件）
		雨衣（件）
		鞋（双）
	遮雨材料	彩条布（吨）
		挡雨布（吨）

续表

物资大类	细分品类	具体品类
住	遮雨材料	帆布（平方米）
		花油布（件）
		篷布（吨）
		布料（捆）
	照明用品	手电筒（支）
		电池（节）
		蜡烛（支）
		应急灯（台）
		马灯（支）
	其他	移动厕所（座）
		燃油发电机（台）
		汽油发电机（台）
		柴油发电机（台）
		其他物品（件）
其他用品	铁制品	铁丝（吨）
		铁铲（把）
		羊角锄（把）
		铁锹（把）
	车辆	挖掘机（台）
		大货车（辆）
		越野车（台）
		警用吉普车（辆）
		摩托车（辆）
	日化用品	毛巾（件）
		手套（双）
		卫生用品（箱）
		日用品（吨）
		学习用品（套）
		湿纸巾（件）
		消毒药品（节火车车皮）
		消毒液（吨）
		消毒液（箱）

续表

物资大类	细分品类	具体品类
其他用品	其他	油桶（个）
		汽油（桶）
		电话（部）
		防潮垫（床）
		打印机（台）
		计算机（台）
		塑料用品（箱）
		空气净化器（台）
		酸性水生成器（台）
		风扇（台）

第二节 应急物资需求预测方法

本节主要介绍目前实践中较为常见的应急物资需求预测方法。

一、预测方法概述

对应急物资需求的常见预测方法有两类：定性预测方法和定量预测方法。定性预测方法的优点是方便可行，不需要深奥的数学模型，对每个个体都简单易用，方法具有良好的普及性和推广性，但其依赖主观经验，缺少客观标准，易受到自身认识局限性的影响，因此结论有较大可能存在主观片面性，难以让人信服。相比之下，定量预测方法则基于历史数据或因素变量，偏重数学方法分析，受主观因素影响较小，但相对地，其普适性较差，理解掌握存在一定困难，需要累积和统计历史数据。

定性预测方法主要有类推预测法、专家会议法、德尔菲（Delphi）法等。类推预测法主要依据研究对象之间发展过程的相似性，根据一个已知对象的发展变化和结果，对一个相似未知对象的变化趋势或结果进行对比推断分析。专家会议法也称头脑风暴法，是一种集体开发创造性思维的方法，依赖专家们的主观判断，受制于专家的专业水平，结论具有片面性的可能性较大。Delphi法也称专家调查预测法，是以匿名的方式，通过多轮反馈征询专家意见，最终得到一种综合式意见的预测方法。还有一些定性预测方法本书在此不做赘述，感兴趣的读者可参考相关著作。

定量预测方法主要包含时间序列预测方法、因果关系预测方法等传统预测方法，以及马尔可夫链预测方法、灰色系统预测方法、系统动力学预测方法、模糊数学与粗糙集理论预测法和人工神经网络预测方法等现代预测方法。

二、传统定量预测方法

（一）时间序列预测方法

时间序列预测方法是一种传统的定量预测方法。时间序列是指某一研究对象的统计指标在不同时间上按照发生的先后顺序排列而成的一组数据，形成一个序列。按照时间序列的连续性不同一般分为连续时间序列和离散时间序列。

时间序列预测方法中常用的预测方法有以下4种：

（1）简单平均数预测法。这是一种非常简便、不需要模型和复杂运算的时间序列预测法，只需对一组观测值求平均值，并依此预测未来时期几个阶段的值。常见的求平均值方法有算术平均数、几何平均数、加权平均数和调和平均数等。

（2）移动平均预测法。利用移动平均值预测结果的方法称为移动平均预测法。移动平均值要求获得一组观测值后对这一组数值序列分段计算其算术平均值，使其构成一组新数值序列。常见的移动平均预测法有一次移动平均预测法、二次移动平均预测法、加权移动平均预测法等。

（3）指数平滑预测法。指数平滑预测法是使用指数平滑平均值预测的方法，属于一种特殊的加权移动平均预测法。指数平滑平均值是以某一统计指标的本期实际值和本期预测值（即上一期的平滑值）为基础，引入一个加权因子即平滑系数，求得新的平均值。平滑系数对序列的历史数值按照时间先后顺序给予不同的权数，离预测期较近的历史值给予较大的权数，离预测期较远的历史值则给予较小的权数，权数由近到远以等比级数（指数规律）递减。确定平滑系数的方法一般有理论计算法、经验判断法、试算法等。常见的指数平滑预测法有一次指数平滑预测法、二次指数平滑预测法和三次指数平滑预测法。

（4）趋势外推预测法。趋势外推预测法又称为趋势延伸预测法，是了解某一研究对象的统计指标过去和现在的发展趋势后，利用某一数学模型描述和拟合统计指标的变化规律，预测未来的发展趋势。常见的趋势外推预测法有直线趋势外推预测法、二次曲线趋势外推预测法、生长曲线趋势外推预测法等。

（二）因果关系预测方法

因果关系预测方法是从事物之间发展变化的因果关系入手，分析直接或间接影响预测目标的因素的变化规律，通过统计分析和数学建模从这种变化规律中获得预测结果。因果关系预测方法主要包含回归分析预测法、弹性系数预测法、计量经济模型预测法和投入产出预测法等。弹性系数预测法、计量经济模型预测法和投入产出预测法常用于经济预测领域，而回归分析预测法则多用于应急物资需求预测领域。回归分析预测法根据自变量的数量、是否有滞后的因变量作为自变量等特征又分为以下4种类型：

（1）一元线性回归分析预测法。建立一元线性回归方程，将一个已知自变量的值代入方程中估算因变量（预测目标）的值。

（2）多元线性回归分析预测法。大多数实际问题中，影响预测目标的变量不止一个，因此可通过建立多元线性回归方程，将多个自变量代入方程中估算因变量（预测目标）的值。

（3）自回归预测法。预测目标时间序列上不同时期的取值存在一定的关系，即自相关关系，利用自相关关系建立回归方程预测因变量的值。

（4）非线性回归预测法。非线性回归预测法中使用的预测模型是曲线形的，比如双曲线模型、对数模型、三角函数模型、指数函数模型、幂函数模型等。

三、现代定量预测方法

传统预测方法取得了积极的成果，基于此的现代预测方法也不断涌现。常用的现代预测方法有以下5种。

（一）马尔可夫链预测方法

马尔可夫链预测方法由俄国数学家安德雷·马尔可夫在1907年提出。具有马尔可夫性的随机过程$\{X(t), t\in T\}$称为马尔可夫过程，其中随机过程$X(t)$是随时间t变化的随机变量，而马尔可夫性则指的是随机过程在t_n时的状态仅与t_{n-1}时的状态有关，而与t_{n-1}之前的状态无关，这种性质也被称为马尔可夫过程的无后效性或无记忆性。用数学语言表示如下：

设随机过程$\{X(t), t\in T\}$，时间$T=\{t_1, t_2, \cdots, t_n\}$，状态空间为$E$，$E=\{x_1, x_2, \cdots, x_n\}$，随机变量$X(t_n)$在已知变量$X(t_i)=x_i(i=1, 2, \cdots, n-1)$之下的条件分布函数只与$X(t_{n-1})=x_{n-1}$有关，恰好等于在条件$X(t_{n-1})=x_{n-1}$下$X(t_n)$的分布函数，而与$X(t_1)=x_1$，$\cdots$，$X(t_{n-2})=x_{n-2}$无关，即条件分布函数满足：

$$F(x_n;\ t_n \mid x_{n-1},\ x_{n-2},\ \cdots,\ x_1;\ t_{n-1},\ t_{n-2},\ \cdots,\ t_1)=F(x_n;\ t_n \mid x_{n-1};\ t_{n-1})$$

根据时间和状态是否连续，可以将马尔可夫过程分为三类：时间离散状态离散的马尔可夫过程、时间连续状态离散的马尔可夫过程和时间连续状态连续的马尔可夫过程。时间和状态都是离散值的马尔可夫过程称为马尔可夫链。

马尔可夫链预测方法的基本概念有状态、状态转移概率和状态转移矩阵等。

状态是指事物或系统可能出现或存在的一组状况或行为。

事物对象可能存在不同的状态，但同一事物不同状态间相互独立，同一事物不会同时存在两种状态。当系统从一种状态转变为另外一种状态的时候则称为状态转移。客观事物从一种状态转移到另一种状态是随机的，这种转移的可能性用概率描述则是状态转移概率。

研究对象有n种状态，$E=\{E_1, E_2, \cdots, E_n\}$，每次出现某一种状态$E_i(i=1, 2, \cdots, n)$，每一状态在下一个时刻都有$n$个转移方向，即$E_i \to E_1, \cdots, E_i \to E_i, \cdots, E_i \to E_n$。状态$E_s$经过一步转移到状态$E_{s+1}$的概率$p(E_{s+1}=j \mid E_s=i)$记为$p_{ij}$。

设由状态E_i经过一个时期转移到状态E_j的一步转移概率是p_{ij}，状态空间是$\{1, 2, \cdots, n\}$，将所有的一步转移概率排成一个矩阵，即：

$$\boldsymbol{P}=\begin{bmatrix} p_{11} & \cdots & p_{1n} \\ \vdots & & \vdots \\ p_{n1} & \cdots & p_{nn} \end{bmatrix}$$

此矩阵即为马尔可夫状态转移矩阵。

马尔可夫链预测方法的基本步骤：① 划分状态空间；② 根据划分的状态区间，确定研究对象序列中各时段指标值所对应的状态；③ 对步骤②所得的结果进行统计计算，得到转移概率矩阵；④ 确定初始分布 $P(0)=\{p_1(0), p_2(0), \ldots, p_n(0)\}$，利用$P(k)=P(0)P^k$求得预测结果。

（二）灰色系统预测法

灰色系统理论是我国著名学者邓聚龙教授1982年为解决数据较少、具有不确定性的问题所提出的预测方法。灰色系统理论又被称为灰色理论或灰理论。这里的“灰色”指的是“信息不完全、信息不确定”，同时有可能“数据少”。因此，灰色系统一般仅含不完全、不确定信息，是一个部分信息明确、部分信息不明确的系统。基于灰色理论建立的灰色模型又称为灰模型（Grey Model），是指在原始数据序列基础上通过灰色序列生成而建立灰色微分方程。灰色序列有累加生成、累减生成和紧邻均值生成几种方式。灰色模型不是一般的函数模型，是具有部分微分、部分差分性质的模型，基于此模型的预测称为灰色预测。

灰色预测从其性质上看一般分为两类：值分布预测和时分布预测。值分布预测是指对现实数据未来演变值的预测；时分布预测是指对现实数据未来演变值对应时点的预测。灰色预测根据预测对象不同一般分为五类：数列灰预测、灾变（异常值）灰预测、季节灾变灰预测、拓扑灰预测（波形预测）和系统灰预测。

灰色模型的构建经历思想开发、因素分析、量化、动态化及优化五个步骤，称为五步建模思想。五个步骤分别代表五种模型：语言模型、网络模型、量化模型、动态模型和优化模型。

$GM(x,y)$模型是灰色系统理论的基本模型，x表示微分方程的阶数，y表示系统包含的变量个数。灰色模型使用的不是原始数据，而是在原始数据基础上产生的灰色序列生成数。$GM(1, n)$反映某一变量X_1的变化规律，适用于对变量的动态关联分析，但是每一个时刻X_1的值都依赖于其他变量在该时刻的值，如果除X_1之外的其他变量的预测值未求出，则X_1的预测值也得不到。实际中最常见的灰色预测模型是$GM(1, 1)$，即单变量的灰色预测模型。

（三）系统动力学预测法

系统动力学（system dynamics，SD）是1956年美国麻省理工学院的福瑞斯特（J. W. Forrester）教授提出的系统仿真方法，是一种以反馈控制理论为基础，以计算机仿真技术为手段的分析方法。

系统动力学解决问题的步骤可归纳为系统分析、结构分析、建立数学模型、模型模拟和模型使用五个步骤，这五个步骤存在先后顺序但又可能交叉和反复进行。系统分析主要是剖析和明确系统问题，包括收集与系统有关的资料和数据，然后明确待解决的问题，分析系统的基本问题与主要问题、基本矛盾与主要矛盾、基本变量与主要变量，划定系统的边界。结构分析主要是处理系统信息和分析系统反馈机制，包括划分系统的层次与子块、分析变量关系、分析总体和局部反馈机制、将各变量的因果关系链组织起来确定回路及回路间的反馈耦合关系、初步确定系统主回路和它们的性质等。建立数学模型，包括建立各类方程、确定与估计参数、给所有方程赋值等；系统动力学模型是由一组一阶常微分方程组成，它们可分解为状态变量方程、速率方程、辅助变量方程和常数方程等。模型模拟借助计算机完成，需要完成一系列的测试和评估，经过多次循环往复的修改和完善直到结果令人满意。模型使用时借助计算机在模型上开展实验深入剖析系统，针对各种系统问题设计出可能的实施政策并送入模型进行试验，然后比较各种结果选择最优或较优决策。

（四）模糊数学与粗糙集理论预测法

1965年，美国自动控制论专家扎德教授在*Information and Control*期刊上发表了第一篇关于模糊集的论文*Fuzzy sets*，开创了模糊集理论，后经过发展逐渐形成了一门新的数学学科——模糊数学。①模糊数学是研究模糊现象、模糊信息的不确定性数学理论，核心是模糊集合，因此也被称为模糊集理论。模糊集的数学定义如下：

定理1：设U是论域，A是U上的一个模糊集合（或称为模糊子集），则A是U到$[0, 1]$的一个映射$A:U\rightarrow[0, 1]$。对于任意的$x\in U$，都能确定一个数$A(x)\in[0, 1]$表示x属于A的程度。映射A称为模糊集合A的隶属函数。$A(x)$称为U中元素x对于模糊集A的隶属度。U上的全体模糊集称为U的模糊幂集，记为$F(U)$。

一个模糊集由隶属函数所刻画。因此隶属函数的确定是模糊集相关研究的核心问题。确定隶属函数的方法有模糊统计法、推理法、模糊分布等。为更细致地刻画模糊问题，研究者们在模糊集理论的基础上又进一步发展出直觉模糊集，增加了非隶属度的概念，更细致地刻画模糊问题。

粗糙集是波兰数学家帕夫拉克在1982年提出的，主要思想是建立在数据分类机制

---

① 李希灿．模糊数学方法及应用[M]．北京：化学工业出版社，2017.

和等价关系之上，利用已知的不完全信息或知识近似刻画或表示不确定性的概念和处理不确定性的问题。粗糙集的数学定义如下：

定理2：设U是非空有限论域，若$R \subseteq U \times U$是论域U上的二元等价关系，则R称为不可分辨关系，序对(U, R)称为帕夫拉克近似空间。$\forall(x, y) \in U \times U$，若$(x, y) \in R$，则称对象$x$与$y$在近似空间$(U, R)$中是不可分辨的。$U / R$中的集合与空集称为基本集或原子集。对于$U$上的任何一个集合$X$，即$X \subseteq U$，若$X$能表示为基本集的并集，则称$X$是$R$的可定义集，也称为精确集，否则称$X$是$R$不可定义的，也称$X$是$R$的粗糙集。精确集在知识库中可以被精确的定义和描述，表示基本知识的并集，可以表示已知知识。对于不能用知识库中知识精确描述的集合X要用关于近似空间(U, R)中的一对下近似$\underline{R}(X)$和上近似集$\bar{R}(X)$进行近似描述。下近似$\underline{R}(X)$是(U, R)中包含于X的最大R可定义集，上近似$\bar{R}(X)$是(U, R)中包含于X的最小R可定义集，当且仅当$\underline{R}(X) = \bar{R}(X)$时$X$是可定义的。当且仅当$\underline{R}(X) \neq \bar{R}(X)$时$X$是不可定义的，这时称$X$关于$(U, R)$是粗糙的，序对$(\underline{R}(X), \bar{R}(X))$是一个帕夫拉克粗糙集。①

粗糙集理论与模糊集理论相比，区别在于不会因为模糊集理论隶属函数的主观性而受到质疑和限制，且无须提供所需处理的数据集合之外的任何先验信息。模糊集和粗糙集理论预测方法都是以历史数据为依托的，因此需要建立知识库，确定自变量和因变量的指标值或属性值。模糊集理论预测方法需要计算待识别对象与已存在对象或模式的贴近度（也称相似度），根据贴近度判断待识别对象的预测特征值；而粗糙集理论根据近似空间的上近似和下近似找到最近似的已知模式，然后判断待识别对象的预测特征值。研究者有时也会将模糊集和粗糙集理论结合起来形成粗糙模糊集或模糊粗糙集进行预测。

（五）人工神经网络预测法

1943年，心理学家麦卡洛克和数理逻辑学家皮茨建立了依照生物神经元的结构和原理抽象简化出的数学模型，称为MP模型（也称为感知器模型），证明了单个神经元能执行逻辑功能，提出了神经元的形式化数学描述和网络结构方法，从而开创了人工神经网络研究的时代。人工神经网络简称神经网络，是一种由大量具有自适应的神经元并行而成的网络，是对大脑组织结构和运行机制的抽象、简化以及模拟。人工神经网络预测法利用神经网络方法建立数学模型，拟合历史数据的变化曲线，再用拟合结果对数据未来的发展趋势做出预测。采用人工神经网络预测方法解决问题的步骤一般包括确定信息表达方式、确定神经网络模型、选择神经网络参数、确定训练模式、神经网络测试等。

① 张小红，裴道武，代建华．模糊数学与Rough集理论[M]．2013.

第三节 应急物资的储备

本节主要介绍应急物资储备的概念、方式以及规模预测，旨在帮助读者掌握与应急物资储备相关的基础知识，了解我国应急物资储备现状。

一、应急物资储备概述

应急物资储备的定义在前文中已经有过介绍，在此不做赘述。由于应急物资储备主要用于保障突发事件发生后的物资供给，其背景与传统物流存在较大区别，这也导致了应急物资储备与传统物流中的物资储存有所不同。

（一）应急物资储备与传统物资储存的区别

应急物资储备既拥有传统物资储存的一些特点，又体现了应急物资所特有的性质。接下来我们将分别从多个方面分析两者的异同点：

1. 物资储存目的

应急物资储备往往是为了应对突发事件，而传统的物资储存大多数是为了货品的周转，两者的目的不同。

2. 物资储存种类

由于突发事件具有不确定性，尤其是地震等自然灾害，很难推测其发生的确切时间，因此应急储备的一般是那些适用范围广的、不易腐烂的物资，比如帐篷；而传统的物资储存则一般不会受到太多的限制，取决于该物流所服务的对象。

3. 物资储存选址

从选址的方案来说，无论是应急物资储备还是传统物资储存，都希望储存地点具有发达的交通网络，同时尽可能减少仓库的建造费用，但是相比于传统物资储存大多依附于相关的企业或单位，应急物资则拥有着自上而下的储备体系，即从中央到地方的每个省市都有相应的物资储备点，它们一起组成了巨大的应急物资储备网。

4. 物资储存方式

相比于传统物流大多数由相关企业实物储存，应急物资储备的方式要更加多样，如政府实物储备、企业协议储备、社会组织储备、社区家庭应急储备等。

5. 数学模型计量

无论是应急物资储备还是传统物资储存，都希望能够尽可能减少成本。应急物资储备相关的优化模型中，成本（具体一般包括仓库建造成本、物资储存成本、运输成本以及缺货成本等）仍然是关注的重点之一。

（二）我国的应急物资储备体系

目前我国应急物资储备主要是通过分级分类的方式进行的。我国以各级政府建设的应急物资储备库点进行的实物储备为主，已经基本形成“中央—省—市—县”四级应急物资储备网络，其中中央级应急物资储备库73个，省级储备库121个，市级储备库568个，县级储备库2 538个。在“十三五”期间，国家投入18亿元，支持中西部多灾易灾地区的85个地市级和532个县级救灾物资储备库建设。其中，中央级应急物资储备库主要储备需求量大、保障程度高的应急物资，而各地方政府则根据各个地区的具体情况选择储存相应的应急物资。另外，按照应急物资功能，我国将应急物资分为不同的种类，并重点加强生活保障类、医疗卫生类、抢险救援类和特殊稀缺类物资储备。

目前，虽然我国的四级应急储备网络已经基本形成，应急储备管理体系也已经基本建立，但是我国的应急物资储备仍然存在着许多问题。根据民政部等九部门印发的《关于加强自然灾害救助物资储备体系建设的指导意见》，我国的救灾体系建设还存在一些共性问题，如储备库布局不甚合理、储备方式单一、品种不够丰富、管理手段比较落后、基层储备能力不足等。[①]因此，还需要做到完善救灾物资管理体制机制及政策制度，科学规划、稳妥推进救灾物资储备网络建设，积极拓展救灾物资储备方式等多个任务。

专栏4-1：我国应急物资储备体系的发展历程

我国的应急物资储备体系可以追溯到20世纪。1998年7月，民政部、财政部下发《关于建立中央级救灾物资储备制度的通知》。这时期，中央储备物资采用省级民政厅（局）代储的方式，储备的物资只有帐篷。全国设置八个代储点，分别位于沈阳、天津、郑州、武汉、长沙、广州、成都、西安，根据地理位置不同代储点选择储备单帐篷和棉帐篷。储备物资经费由财政部根据中央财政预算安排的专项救灾资金从救助补助费中下拨给民政部，由购置经费、更新经费和管理费三部分构成。1999年和2000年，民政部和财政部又下发文件说明救灾款使用管理和救助补助费使用管理，加强灾害救助金的管理工作。2002年12月，民政部和财政部出台《中央级救灾储备物资管理办法》，进一步规范中央级救灾储备物资及其经费管理。《中央级救灾储备物资管理办法》规定中央级救灾储备物资是指中央财政安排资金，由民政部购置、储备和管理，专项用于紧急抢救转移安置灾民和安排灾民生活的各类物资。中央级救灾储备物资依然委托地方省级人民政府民政部门代储的事实没有发生改变。2003年，民政部重新确定了天津、辽宁、黑龙江、安徽、河南、湖北、湖南、广西、四川和陕西 10 个省份民政厅（局）为中央救灾储备物资代储单位，广州被南宁替代，又增加了哈尔滨和合肥两个城市，并确定中央救灾物资一经调拨，即转为省级救灾物

① 民政部，发展改革委，财政部，自然资源部，住房和城乡建设部，交通运输部，商务部，质检总局，食品药品监管总局．关于加强自然灾害救助物资储备体系建设的指导意见[R/OL]．北京：中央人民政府，2015．

资，确保救灾物资发挥最大效用。[1]2007年国务院办公厅印发《国家综合减灾“十一五”规划》，规划指出通过新建、改扩建和利用国家物资储备库等方式，基本形成中央级救灾物资储备网络，将中央级救灾物资储备体系建设工程作为重大项目，规划提出到2010年基本建成中央级救灾物资储备体系。2007年中央批准向新疆投入6 000万元，在乌鲁木齐建设中央级救灾物资储备库。至2007年年底，国家建立了10个中央级救灾物资储备库，31个省（自治区、直辖市和新疆生产建设兵团）建立了省级救灾物资储备库，251个地市建立了地级储备库（占地市的75.3%），1 079个县建立了县级储备库（占县市的37.7%），初步形成了全国救灾物资储备体系。[2]

2008年汶川地震后，由地方政府组织使用汶川地震恢复重建资金新建中央级救灾物资成都库、渭南库和兰州库。2008年年底，民政部决定在重庆建设覆盖云、贵、川等地区的中央救灾物资储备库，提高西南地区的救灾应急能力。2009年，国务院新闻办发表《中国的减灾行动》白皮书，披露全国设立了10个中央级生活类救灾物资储备仓库，以物资储备仓库为依托的救灾物资储备网络、国家应急物资储备体系逐步完善，规划全国中央级救灾物资储备库由10个增加到24个。2010年，民政部在原有的10个代储单位的基础上，增加了北京、福建、云南、西藏、甘肃、青海和新疆7个省（自治区、直辖市）的民政厅（局）作为中央救灾物资代储单位，总共有18个储备点（天津、沈阳、哈尔滨、合肥、郑州、武汉、长沙、南宁、成都、渭南、乌鲁木齐、兰州、格尔木、拉萨、昆明、福州、北京、喀什）。后又将西宁救灾物资储备库纳入中央救灾物资代储库，组成目前的19个中央救灾物资储备库。重庆库虽然属于中央库，但是未纳入中央救灾物资代储单位，因此未算作中央级救灾物资储备库。2011年12月，国务院办公厅发布《国家综合防灾减灾规划（2011—2015）》，规划要求制定物资储备规划，扩大储备库覆盖范围。规划还提出“十二五”期间将新建或改扩建一批中央生活类救灾物资储备库，多灾易灾区的省、市、县各级人民政府按照实际需求建设本级生活类救灾物资储备库，形成中央—省—市—县四级救灾物资储备网络。

“十二五”末，在储备布局上，民政部在北京、天津、沈阳等多地设立19个中央救灾物资储备库，各省（自治区、直辖市）和多灾易灾的地市县（区）设立了本级救灾物资储备库，中央—省—市—县四级储备体系基本建立。[3]

2015年9月，民政部、发展改革委、财政部、自然资源部、住房和城乡建设部、交通运输部、商务部、质检总局（现国家市场监督管理总局）、国家食品药品监管总局（现国家市场监督管理总局）9部委（局）联合印发《关于加强自然灾害救助物资储备体系建设的指导意见》，对未来一段时间内全国救灾物资储备体系建设的指导思想、主要目标和任务以及保障措施作出明确规定，首次提出要着力构建“中央—省—市—县—乡”纵向衔接、横向支撑的五级救灾物资储备体系，将储备体系建设延伸到乡镇（街道）一级。[4]在中央支持、引导下，各省加大救灾物资储备体系的建设，截止到2016年年底，全国已建成省级库和省级分库60个、市级库240个、县级库2 006个。2017年，《国务院办公厅关于印发国家综合防灾减灾规划（2016—2020年）的通知》提出，“十三五”期间我国将建成中央、省、市、县、乡五级救灾物资储备体系，确保自然灾害发生12小时之内受灾人员基本生活得到有效救助。[5]

资料来源：

[1] 李保俊. 我国救灾物资储备体系建设现状与展望[J]. 中国减灾，2013（19），10-11.

[2] 史培军，李长安，邹民生. 构建预防救助综合体系应对巨灾风险 [J]. 财会研究，2008（10），22-24.

[3] 国务院办公厅. 国务院办公厅关于印发国家综合防灾减灾规划（2011—2015年）的通知 [R/OL]. 北京：国务院办公厅，2011.

[4] 民政部，发展改革委，财政部，自然资源部，住房和城乡建设部，交通运输部，商务部，质检总局，食品药品监管总局. 关于加强自然灾害救助物资储备体系建设的指导意见 [R/OL]. 北京：中央人民政府，2015.

[5] 国务院办公厅. 关于印发国家综合防灾减灾规划（2016—2020年）的通知 [R/OL]. 北京：国务院办公厅，2016.

（三）应急物资储备规模预测

应急物资储备规模预测是灾前的预测行为，此时灾害发生类型、每种灾害发生次数、灾害严重程度、灾害影响范围等都是未知的，因此准确预测是非常困难的。应急物资储备规模预测的关键是储备规划周期的时长、应对区域的范围、区域内可能的所有灾害类型等。

在目前的实践操作中，我国的应急物资储备规模预测有两种方法。一是以《救灾物资储备库建设标准》（建标121-2009）实施的三级应急响应启动条件中的紧急转移安置人口数量为依据和指导。二是基于民政部对全国因灾紧急转移人口的历史统计数据预测未来某一规划周期内总的紧急转移人口，然后依据专家的经验得到各行政区域内的紧急转移安置人口，进而计算出应急物资储备规模。

1. 基于三级应急响应启动条件的储备规模

2009年，《民政部关于宣传贯彻〈救灾物资储备库建设标准〉的通知》文件下发，《救灾物资储备库建设标准》（建标121-2009）①规定救灾物资储备库的物资储备规模应根据自然灾害救助应急预案中三级应急响应启动条件规定的紧急转移安置人口数量确定，对每一级行政区域内应急物资储备规模应达到本行政区域内自然灾害救助应急预案中三级应急响应启动条件规定的紧急转移安置人口数量。这是由于当灾情达到一、二级应急响应时，上一级自然灾害救助应急预案就要启动，而三级以下由本区域自行响应，因此区域储备物资规模应至少满足三级应急响应启动条件规定的紧急转移安置人口的救助需要。根据各级政府各地区的应急预案中应急响应三级的紧急转移安置人口，按照人均需求乘以紧急转移安置人口的准则，即可知道受灾人员基本生活保障物资的储备规模数量。

2. 基于民政部全国因灾转移人口统计数据的储备规模

根据《中国民政统计年鉴》2009—2017年和应急管理部、国家减灾委办公室发布的2018—2019年全国因灾转移人口的统计数据（见表4-3），可测算未来一年或未来时期内平均每一年的全国因灾转移人口数量。全国因灾转移人口数量中大约1/4的比例是

① 民政部. 救灾物资储备库建设标准[S]. 北京：民政部，2009.

有物资需求的紧急转移安置人口，其中约1/10的比例由中央库负责储备，其余物资归各省、市、县、乡等储备单位主体储备。由此可得到中央及各级政府可能面临的紧急转移安置人口，进而得到物资储备量。因此，根据历史资料预测未来的全国因灾转移安置人口数量是重要的工作，可采用适当的预测方法进行预测。

表4-3　2009—2019年全国因灾紧急转移人口数量

年份	全国紧急转移人口（万人）
2009	709.9
2010	1 858.4
2011	939.4
2012	1 109.6
2013	1 215.0
2014	601.7
2015	644.4
2016	910.1
2017	525.3
2018	524.5
2019	528.6

二、应急物资储备方式

根据应急物资储备主体不同，应急物资的储备一般分为如下5种方式：

（一）政府实物储备

政府实物储备是我国广泛采用的应急物资储备方式，也是突发事件发生时进行物资筹措的最直接供应和保障。政府实物储备的优势在于方便统筹协调和集中管理，在需要的时候能够迅速响应。但是，在保证了响应速度的同时，政府实物储备也面临着许多问题。首先，高额的实物储备成本会加重政府的财政负担；其次，储备的物资面临着更新换代的问题，一旦在物资的使用期限之内没有相应突发事件发生，那么就会造成物资的浪费。虽然目前也有许多研究致力于降低物资储备的成本和减少物资的浪费，但是这些问题仍然阻碍着政府进行大规模的实物储备。政府实物储备的这些特性也限制了可以储备的应急物资种类。目前我国储备的应急物资大多泛用性强、存放和使用寿命相对比较长，如帐篷、棉被等，一些易腐物资以及针对特定突发事件的应急物资很难通过政府实物储备的形式进行预先储备。

（二）企业协议储备

企业协议储备是我国另一种常用的应急物资储备方式。随着政企合作日益深入，企业协议储备在应急物资的储备中越来越受到人们的重视。相比于政府实物储备，企业协议储备的优势在于政府不用负担高额的储备成本，而且由于企业可以将储备物资和企业的传统物流存储相结合进行更新换代，使储备物资可以得到更高效率的利用而不用担心浪费。当然，企业协议储备在突发事件发生时的响应速度一般不如政府实物储备，且可能会因为信息传递、协调合作等问题导致应急物资出现进一步延误。另外，由于企业的本质是追求利润，因此在物资储备成本比较高的情况下，出现缺货情况的风险也会比政府实物储备要高。近些年，有关政企合作、企业协议储备的研究越来越多，一些研究致力于从政府和企业的角度分析各种各样的协议，如回购合同、期权合约等的可行性，还有一些研究则探讨了政府与企业合作储备、政府给企业进行储备补贴等不同的协议储备方式。

专栏4-2：企业协议储备的新方法——政府与企业的期权合约

期权是一种金融衍生工具，长期以来一直被用作避免风险和减少财务不确定性。许多学者将期权作为一种合约引入了不动产领域，并研究了供应链管理中的期权合约。从本质上讲，期权是一种特殊的选择权：通过预付溢价，购买者有权在到期日之前以固定价格购买（或出售）商品。这种选择权赋予购买者以少量资金控制大量材料，降低风险和延迟决策的权利。这三种力量可以分别解决需求模式不同、风险高和缺乏先验信息的问题。因此，我们认为期权合约可以满足应急物资储备的特殊要求。

政府与企业进行期权合约协议储备的步骤如下：政府和企业根据合约达成协议，政府以一定单价从企业处购买一定数量的期权，并获得在合约期限内的任何时候以固定单位执行价格购买不超过该数量的应急物资的权利。企业收取溢价并有义务提前储存一定数量的应急物资，并且当政府决定在合约有效期内行使合约时，企业便以单位执行价格向政府出售不超过规定数量的物资。在合约有效期内，如果从未发生过灾难，则不会触发期权合约。期权合约到期后，企业可以处置未被购买的库存应急物资。如果发生灾难，则政府将执行期权合约并根据实际需求确定其订购数量，并从企业处以执行价格购买应急物资。

资料来源：Liang L, Wang X, Gao J. An option contract pricing model of relief material supply chain[J]. Omega, 2012, 40(5), 594-600.

（三）社会组织储备

社会组织储备也是一种应急物资的储备方式。在我国，由于应急管理决策由政府主导，因此社会组织储备只是起到补充作用。尽管如此，社会组织储备在很多情况下仍然是应对突发事件尤其是重大灾害时不可或缺的物资来源。对于政府实物储备、企业协议储备无法覆盖的应急物资，比如大型器械或高科技产品，社会组织储备就可以发挥它的优势。例如，北京应急技术创新联盟所属会员单位研制生产的一系列智能产品、应急科技装备如机器人、无人机、高机动车辆、高性能个体防护装备等，在全国各地抗洪抢险和森林灭火实战中都得到了应用。①

（四）社区家庭储备

应对突发事件除了需要政府相关部门、企业、社会组织承担相应的责任之外，更重要的是要提高全民风险防范意识，在突发事件发生的第一时间实施自救。因此，社区家庭储备，也是应急物资储备必不可少的一环。相比于上述几种更加侧重于大宗应急物资的储备方式，社区家庭储备则更侧重于一些生活用品和简易工具的储备。表4-4为中华人民共和国应急管理部网站发布的全国基础版家庭应急物资储备建议清单。②

表4-4　全国基础版家庭应急物资储备建议清单

序号	物品名称	备注
1	饮用水	保障每人3天基本饮水需求，至少3升/人。
2	方便食品	保障每人3天基本食物需求。方便食品体积小、热量高，如巧克力、肉类罐头、压缩饼干等。
3	灭火器和灭火毯	灭火器是用于初起火灾的扑救。灭火毯可披覆在身上逃生或用于扑灭灶具着火等小型火源，起隔离热源及火焰作用。建议存放在灶具附近的明显位置。
4	呼吸面罩	每人1个。消防过滤式自救呼吸器，用于火灾逃生使用。建议存放在房门等逃生必经处的明显位置。
5	手电筒	防水防爆手电筒。定期充电或更换电池。建议存放在床头。
6	多功能小刀	有刀锯、螺丝刀、钢钳等组合功能，质量过硬。建议存放在应急包内。
7	收音机	接收应急广播使用。定期充电或更换电池。建议存放在应急包内。
8	救生哨	建议选择无核产品，可吹出高频求救信号。建议存放在应急包内。
9	外用药品	止血粉、止血贴、纱布绷带、棉球、碘伏棉棒等，用于处理伤口、消毒杀菌。建议存放在应急包内。
10	消毒湿纸巾	用于个人卫生清洁。建议存放在应急包内。
11	医用外科口罩	病毒防护。建议存放在应急包内。

① 北京市应急管理局．市应急局参加社会组织应急科技装备及物资储备座谈会[OL].
② 中华人民共和国应急管理部．全国基础版家庭应急物资储备建议清单[OL].

（五）企业产能储备

除了以上几种应急物资储备方式之外，近年来，企业产能储备也受到了越来越多的重视。企业产能储备指的是企业在突发事件发生后能够迅速进行生产转换，大量生产所需要的应急物资，以满足需求的能力。企业产能储备对于及时筹措一些特定的应急物资，尤其是医疗卫生方面的物资，具有十分重要的保障作用。以2020年新冠肺炎疫情为例，我国在肺炎流行初期出现了各地口罩存货不足的问题，对抗疫工作产生了不小的阻碍。但是随着全国各地的企业开始进行生产转换，紧急生产口罩，我国的口罩缺口很快就被填补，后续还出口了大批口罩，为全球抗疫做出了贡献。这次疫情也让我国意识到了企业产能储备的重要性，政府也在各种文件、会议中强调要加强企业产能储备。例如，2020年11月19日国家发改委产业司组织召开应急物资产能储备工作座谈会，强调做好公共卫生应急物资产能储备相关工作，提升应急物资综合保障能力。

可以预见的是，未来我国的应急物资储备体系一定是多种类、多层次的，既包括从中央到地方的各级政府实物储备，也包括企业的协议和产能储备及社会组织储备，甚至包括社区家庭储备。只有全面涵盖了这些应急物资储备方式，才能够完善应急物资储备体系，更好地应对可能发生的突发事件。

三、应急物资储备管理

如前所述，储备应急物资的主要目的是在突发事件发生时，能够实行快速响应，尽快将应急物资运到灾民手中，提高应急物流运作的反应速度和最终效果。在应急物资储备过程中，应当尽可能地减少应急物资的损耗，因此，必须对应急物资的储备实行科学有效的管理。应急物资储备管理的要点如下：

（一）分级协调

应急物资储备管理不仅是地方政府或其下属部门的职责，还需要各级政府、社会力量等多元参与主体协同配合。例如，有些突发事件常常伴随着巨大的应急物资需求，此时仅依靠单一的应急物资储备库往往无法实现及时快速的响应。因此，灾害准备阶段，各级政府需坚持分工协作、共建共享、科学储备等原则，综合考虑上下级应急物资储备库的分布和存储物资种类、数量等因素，进行应急物资储备库的建设，实现各级应急物资储备优势互补。除了政府实物储备之外，我国的应急物资储备体系还包括企业实物储备以及产能储备等，这体现了我国应急物资储备方式的多元化，同样也要求能够通过明确各个参与主体的责任和分工保证应急物资储备的协调配合，实现应急物资储备网络化，确保关键时刻储备物资调得动、调得快、用得上。

（二）分类储存

应急物资种类繁多，各种物资价格不同且所需储备的数量不等。在资源有限的情况下，对所有种类的物资都给予相同程度的重视和管理是不科学、不合理的。为了使有限的时间、资金、人力、物力等资源得到更加充分有效的利用，应当对储备物资进行分类，将管理的重点放在重要的物资上。具体而言，即依据物资的特点采用不同的采购和库存策略，以降低储备成本、提高经济效益。传统的库存分类法包括ABC（Activity Based Classification）分类法和CVA（Critical Value Analysis）分类法，两种方法本质上均按照库存物资的重要程度对物资进行排序与分类，然后根据不同的分类进行管理和控制，而应急物资库存分类应在此基础上加以改进。值得注意的是，由于市场的变化，物资的评价标准在改变，所以库存分类也是可以动态调整的，这有助于降低库存和采购成本。

专栏4-3：一种应急物资库存分类法

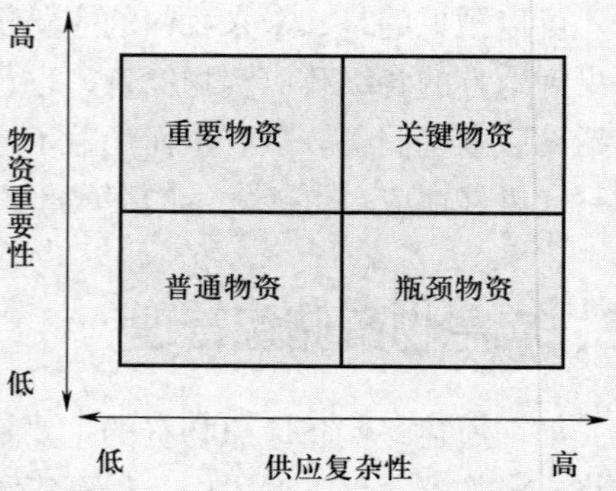

应急物资库存分类法是对传统的库存管理方法（ABC分类法）进行改进，根据物资的重要性以及供应市场的复杂性程度将物资分为关键物资、瓶颈物资、重要物资、普通物资四种类型。

1. 关键物资

这类物资的特点是应急需求量相对很大，本身价值昂贵，其质量好坏对应急救援会产生重大影响。同时，能够提供这类物资的合格供应商数量相对较少。基于这些特点，对于关键物资的供应管理首先必须致力于与质量可靠的供应商建立一种长期的、战略伙伴式的关系，使供应商得到应有的好处，以此为与供应商的长期高质量合作提供驱动力。在具体管理策略上，由于这种物资本身价格昂贵、库存占用资金大，必须进行详细的调查和需求预测，并尽可能进行严格的库存控制。

2. 瓶颈物资

这类物资的基本特点是获取有一定难度。例如，难以找到合格的供应商；与供应商的距离较远又缺乏可靠的运输保障；属于专利产品，供应商占优势地位；等等。对于这类物资的供应商，应该根据情况采取灵活的策略，例如，对供应物资质量有问题的供应商，致力于帮助它们改进；对于占优势地位的供应商，致力于建立稳定的合作关系；等等。在采购和库存策略上，需要考虑设置较高的安全库存，并采用较大的订购批量。

3. 重要物资

这类物资的基本特点是市场供应比较充足，但物资本身价格昂贵、库存占用资金大。因此，从资金占用角度看，这种物资的基本管理策略应该是致力于使总成本最小化。为此，需要在库存管理上多下功夫，尽量减少库存。

4. 普通物资

这类物资的基本特点是小件物资，本身价值不高，容易从市场上获得。但这类物资往往种类繁多，能够占到库存物资种类的一半以上。因此，对于这类物资，所应采取的基本管理策略也是致力于管理成本最小化。在库存管理上，采用经济批量等优化方法，尽量利用信息技术等手段简化管理程序，提高业务效率。

资料来源：左小德，梁云，张蕾．应急物流管理[M]．广州：暨南大学出版社，2011.

（三）动态管理

应急物资储备不是一成不变的，而是随着物资的采购、调拨、使用与回收等一系列活动动态变化。灾害准备阶段，政府需进行应急物资采购并将其存储至应急物资储备库，该过程需严格执行应急物资的入库验收制度，做好物资的信息登记、质量把关等工作。灾害响应阶段，政府可以从应急物资储备库中依据“先近后远，满足急需，先主后次”的原则，调用物资品种、数量、时限等符合救援需求的储备物资。灾害恢复阶段，政府需对灾区可重复使用的救灾物资进行回收、清洗、消毒和整理。灾害预防阶段，政府需根据储备物资实际调用消耗和补充更新情况，及时调整应急物资储备计划。综上所述，应急物资储备动态管理涉及灾害发生的全过程，各个阶段的管理工作相辅相成、紧密相关。

（四）存储安全

保障应急物资的存储安全是应急物资储备管理的基本要求。应急物资的存储安全一方面在于存储环境安全，另一方面则在于物资质量安全。为保证应急物资安全地存放在储备仓库中，应急物资储备仓库设施规划与建设应符合国家相关标准。仓储区应实行封闭式管理，除装卸物资车辆外，其他车辆未经批准不得驶入。库房应避光、通风良好，具有基本的防火、防盗、防潮、防鼠、防污染等措施。除了确保存储环境安全以外，保障应急物资的质量安全也十分重要。因此，仓库管理者需在应急物资通过采购、回收等方式入库时对其进行质量把关，同时需定期进行储备年限和有效期的检查，对于过期或者损坏的应急物资进行报废处理。

本章小结

应急物资的需求预测与储备问题是应急物流运作中需要解决的重要问题。在实践中，首先应通过应急物资的储备需求预测对目标区域的需求品类与数量进行了解，然后针对性地进行应急物资储备，在灾害发生后还应对受灾区域进行应急物资的响应与发放需求预测，以此为依据开展后续的应急物流活动。应注意体会应急物资需求预测与储备之间的关联，以及它们在应急物流运作中的重要作用。

思考与练习

1. 应急物资的响应需求预测与储备规模预测有什么不同?
2. 应急物资的需求内容具体包括哪些?
3. 简述我国目前的应急物资分类标准。
4. 简述常用的应急物资需求预测方式并思考其相应的适用场景。
5. 比较应急物资储备与传统物资存储的异同点。

即测即评

扫一扫，测一测

第五章

应急物资的筹措、运输与调度

学习目标

通过本章学习应能够：理解应急物资筹措、运输与调度的定义、特性；了解应急物资筹措、运输与调度的基本方式；掌握应急物资运输优化的算法；了解应急物资调度管理。

导读案例

我国在汶川地震时的物资筹措与调度

2008年5月12日汶川发生地震后，我国的主要应急物资筹措手段是库存调拨。从13日起，发展改革委根据灾区需求，源源不断地调拨大量中央储备药品和医疗器械支援灾区。13日深夜，调集头孢胶囊5万盒、人血白蛋白357支、止痛针2万支、床旁X光机17台、呼吸机350台、绷带15万卷，并安排次日早班飞机运抵四川灾区。15日，发展改革委、国家粮食局（现国家粮食和物资储备局）、财政部联合下发通知，紧急动用成都中央储备粮分公司的中央储备稻谷10万吨、小麦5万吨、食用油1.4万吨，支援地方抗震救灾需要。中储粮总公司在组织四川储备油出库的同时，从就近省份调运食用油入川，满足救灾需要。为满足保证双流机场的用油需要，16日，发展改革委批准动用贵州都匀国家储备航空煤油1万吨，其中约7 000吨用于双流机场。同日，四川省粮食局从宜宾、内江、泸州等地向绵阳和德阳调运大米1 375吨，向重灾区汶川、青川、北川、平武四县空投大米60吨。17日，由洛阳发往成都的40节油罐车（约2 000吨航空煤油）已到达成都双流机场油库。国家还从兰州炼油厂、乌鲁木齐炼油厂陆续往四川方向发油。19日，四川省粮食局向汶川、什邡、绵竹、都江堰、雅安、甘孜等地调运成品粮油4 356吨，其中大米3 243吨、面粉560吨、挂面263吨、食用油290吨。随着灾区道路的抢通和救灾物资不断进入，汶川、茂县、理县、金川等重灾区市场的大米、面粉、食用油、矿泉水、方便面等商品供应偏紧的状况，开始得到缓解。截至19日，四川、甘肃已分别向灾区紧急调运成品粮油23 566吨和1 900吨。

应急采购也是支援灾区的一个重要手段。截至19日，商务部为灾区采购的生活必需品及救灾物资包括：饮用水216万件、方便面29万件、饼干290吨、火腿肠60吨、小包装奶400吨、奶粉40吨、马灯21万支、手电筒21.1万支、电池64万节、蜡烛320万支。

由于事态紧急，政府不得不临时征用一些物资。16日晚，经发展改革委紧急协调，中航油集团作出紧急安排，将28节装载航空煤油的油罐车（约1 200吨）调往绵阳机场，目前已全部卸油入库，足够保证近期机场用油需要。中航油集团还可就近动用15 000吨库存。截至18日，民航已先后从30家航空公司调集了150架飞机，直接安排和组织抗震救灾包机519班，运输各类救灾物资5 685吨。19日，中国民用航空局安排国航、东航、南航等航空公司13班包机，分别从北京、武汉、太原、郑州紧急运送425吨卫生防疫和医疗防护物资到灾区。截至20日6时，铁路运输已发运救灾物资5 518车，其中发运民用救灾物资4 046车（比前日增加634车）。

在巨大的灾难面前，社会各界人士也纷纷伸出援手。湖南三一重工、中联重工等一大批工程机械企业立即主动捐献救灾急需机械装备，并开足马力，生产灾区急需工程机械。为了满足抗震救灾需要，三一重工紧急召回已经发给客户的机械工程设备，捐献了一批适应救灾需要的挖掘机和起重机。

总而言之，在面对巨大的自然灾害时，需要合理运用各种物资筹措方式，才能够尽可能地加快应急物资筹措的进程，从而保证应急物流后续环节的效率。

资料来源：央视网. 一切为了灾区——全国调运抗震救灾物资纪实[OL].

第一节
应急物资的筹措

在突发事件应对中，应急物资往往起着十分重要的作用。一旦突发事件发生，需要调集大量的人力、物力和资金，此即应急物资的筹措。下面介绍应急物资筹措的概念、特性、面临的问题和方法等。

一、应急物资筹措概述

（一）应急物资筹措的概念

区别于普通的物资募集和调用，应急物资的筹措一般是在应对即将发生（例如已经预测到的台风、洪水等）或已经发生的突发事件时所进行的应急物资的快速、准确的筹集。根据应急物流生命周期理论，应急物资的筹措应当处在准备阶段的末期和响应阶段的初期。作为后续应急物流行动得以正常开展的保证，应急物资筹措的重要性不言而喻。

（二）应急物资筹措的特性

应急物资的筹措工作一般具有如下3个特性：

1. 及时性

及时性是应急物资筹措工作最重要的属性。作为应急物流行动环节中第一个环节，如果筹措工作不能够及时完成，将会对后续应急物资的调度、运输等环节产生影响，进而拖慢整个应急物流的行动进程，这无疑将会导致巨大的损失。因此，在进行应急物资筹措相关决策的时候，一般都会优先保证应急物资能够及时到位。

2. 准确性

不同的突发事件所需求的应急物资大多不同，即便同样需求的应急物资可能在重要性、优先级上也会有所差异。因此，所筹措的应急物资要准确契合所发生的突发事件。例如，针对冬天里出现的冰雪灾害、极寒天气，保暖御寒的应急物资如棉被、棉大衣、暖宝宝等是比较重要的，而针对传染病如非典、新冠肺炎，口罩、医疗器械、医护用品则成了急需的物资。综上所述，在进行应急物资筹措的时候，应当根据实际的情况，首先筹集当前最重要、优先级最高的应急物资，并以此类推，完成整个应急物资的筹集工作。

3. 灵活性

突发事件的一大特点就是具有高度不确定性，在处理突发事件的过程中，情况可能瞬息万变。作为应急物流的第一个环节，应急物资的筹措也需要具备足够的灵活性，根据相应的情况做出应对和调整。以地震灾害为例，地震刚发生时，大量的伤员等待救治，此时药品、医疗器械等应急物资可能具有较高的优先级，需要进行大量的筹措。但是随着时间的推移，大多数灾民的情况都已经稳定下来，这时候满足灾民的日常生活需求就变得比较重要，需要转而筹措饮用水、食物等物资。因此，应急物资的筹措不是机械的、一成不变的，而是动态的、灵活的。

（三）应急物资筹措面临的问题

一旦应急物资的筹措环节出现问题，就会对后续应急物流的行动造成影响，甚至可能导致严重的后果，比较典型的便是物资聚集现象（Material Convergence）。物资聚集现象指的是在大型灾害发生后，来自各种不同渠道的物资流汇集在一起的现象。这种现象的问题在于，在灾难现场汇聚的物资包括大量不适当或无用的物品，这些物资在灾难响应中不但无法帮助受灾群众，反而给救援带来负担，甚至影响重要物资的筹集和调度。

显然，物资聚集现象是由于不合理的应急物资筹措造成的。在灾害应对过程中，很多物资的需求其实早已饱和，但是由于信息滞后，仍然有该类物资源源不断地通过捐赠、调集等手段运达灾区，导致了物资的囤积。再加上相关部门统筹调度不力，很多原本不需要的物资也被筹集了过来，从而加重了物资聚集现象。

在我国，由于物资筹措工作主要由政府统筹安排，相对而言物资聚集的情况比国际上要好一些，然而也存在着类似救灾物资过期、积压等现象，比如2014年曝光的四川绵阳三台县新生镇发生的5·12四川救灾物资搁置霉变事件①就是一个典型的例子。村民发现2008年的救灾物资积压在仓库已经发生了霉变，而据调查当时这些物资在待发放时就已经过期。

总而言之，物资聚集现象是物资筹措阶段可能面临的重大问题，需要全面重视。为此，我们要优化信息传递渠道，尽可能加快决策者对信息的反应速度，同时合理地统筹规划管理，各部门、各机构也要尽可能地协调合作。只有团结一心，共同努力，才能更快、更好地完成应急物资的筹措工作。

专栏5-1：可怕的物资聚集现象

泛美卫生组织（Pan American Health Organization，PAHO）将应对重大灾害筹集到的物资分为3类，即刻需要的物资为高优先度物资（High Priority，HP），非紧急需求但有后续使用价值的物资为低优先度物资（Low Priority，LP），完全没有用本不应该被送往灾区的物资为无优先度物资（Nonpriority，NP）。以地震为例，药品、食品、水等物资往往属于高优先度物资，后续重建工作所需要的建筑材料等往往属于低优先度物资，而一些完全用不到的东西就属于无优先度物资。事实上，据资料统计，这些无用的物资包括婚纱、各种旧衣服、旗子，甚至一些危险的物资

---

① 新浪网．四川三台发现霉变5·12救灾物资[OL].

诸如已经过期的药品和食物等。这些物资在灾害响应阶段占用运输物资，堵塞高优先度物资的运输渠道，在灾害恢复阶段又需要分配人力、物力进行处理，极大地损害了灾害应急救援的效率。

遗憾的是，一个又一个的案例表明，这种物资聚集现象在各大灾害的应急救援过程中不断地重演。早在美国民意研究中心（National Opinion Research Center）对1953年阿肯色州龙卷风灾害调查中，就报告了类似的问题："所有这些堆砌的衣服和食物开始移动了，没有地方可以存放它们，没有一个建筑可以""我们收到了一套漂亮的燕尾服""60%的物资都是无用的，它们压根不该被运到这个地方"。2010年海地地震，来自媒体的报道："那边来的小船上装满了一箱箱的瓶装水，这看起来很美妙，但是水并不是海地地震之后紧缺的物资。事实上，这里有着许多饮用水，恐怕医疗器械或者大米会是更加有用的选择。"著名研究学者霍尔金·维拉斯（Holguin-Veras）在他的论文中写道："2011年日本大地震之后，有一个物资分配中心囤积着大量用不完的瓶装水和口罩，700吨的瓶装水足够满足35万人一天的用水需求，200万个口罩甚至足够分配与发放给整个日本东北地区的人。其他的分配与发放点也存在着同样的问题，即远超实际需求的物资囤积。"2012年的飓风桑迪过后，"人们发现，堆积的物资变成了第二场灾难""在24小时的捐赠活动结束后，捐赠来的衣服堆了7英尺高，几乎把原来用来停放卡车的地方完全占满了"。这些真实的记录，无一不反映了物资聚集现象的存在及其导致的严重后果。

资料来源：

[1] *Holguín-Veras J, Jaller M, Van Wassenhove L N, Pérez N, Wachtendorf T. Material convergence: Important and understudied disaster phenomenon[J]. Natural Hazards Review, 2014, 15(1), 1-12.*

[2] *National Opinion Research Center. Human reactions in disaster situations[J]. National Academy of Sciences, Vol. I.*

[3] *Marketplace. Foreign aid that hurts rather than helps[OL].*

[4] *Holguín-Veras J, Taniguchi E, Ferreira F, Jaller M, Thompson R G. The Tohoku disasters: preliminary findings concerning the post disaster humanitarian logistics response [J]. Transportation Research Board, 2012.*

[5] *Mulvihill G. Disaster after the disaster': Unwanted donations [OL]. 2012.*

二、应急物资筹措方法

应急物资筹措的特性导致了它在筹措方法上也与传统物流中的物资筹措不同。一般而言，应急物资的筹措方法包括库存调拨、应急采购、临时征用和社会捐助，其中库存调拨为我国主要使用的筹措方法，而社会捐助则是国际上较为通用的物资筹措方法。

（一）库存调拨

库存调拨是我国目前使用的最主要的应急物资筹措方法。库存调拨的优点在于响应速度快，可操控性强，便于集中管理和统筹优化，是一种非常高效的应急物资筹措方法。但是，库存调拨的要求也非常高，简而言之，需要解决"有物资可以调拨"和"物资能够及时抵达"这两个关键问题。要想"有物资可以调拨"，就必须有一个健全的物资储备体系；而要想“物资能够及时抵达”，除了需要运作流畅的交通运输体系外，还需要各个部门能够统筹协调，通力合作。由于我国的应急管理决策机制是以政府为主导的集中式决策，能够保障物资储备以及交通运输体系，各个部门也会听从指挥，团结协作，因此能够实现大规模的库存调拨，然而这在世界上大多数国家是难以实现的。当然，库存调拨的物资筹集方式也存在着一些问题。由于库存调拨与应急物资的储备紧密相关，不可避免地会出现仓库建设费用大、储存成本高、维护更新较为麻烦等问题，而且由于是预先储存，一般只能储存一些通用性强、不易腐烂的物资，针对特定突发情况的物资以及难以保存的物资的筹措一般不适用这种方式。

（二）应急采购

应急采购一般涉及政企合作，包含多种不同的合作形式。例如，政府和企业通过签订战略合作协议的方式向企业采购并共同存储一些物资。广义来说，这里的应急采购既包括与企业在突发事件的准备阶段就签订合同并让其代为存储的部分不便于集中仓储的应急物资，也包括在库存调拨后发现应急物资数量不够而进行的临时市场采购。因此，应急采购能够极大地弥补库存调拨后可能出现的物资种类和数量不足的情况，与库存调拨起到相辅相成的作用。

（三）临时征用

临时征用一般是在紧急情况下迫不得已采取的应急物资筹措方法，比如遭遇重大灾害、大量民众的生命和财产安全受到严重威胁时，政府可能就会针对某些应急物资进行临时征用。对于一些普通的、后果不是很严重的突发事件，一般不使用临时征用这种物资筹措方法。

（四）社会捐助

社会捐助一般分为资金捐助和实物捐助两种方式。在国际上，社会捐助是主要的应急物资筹措方法，这是由于国际上的应急救灾体系往往是以非政府组织为主导，如红十字会、联合国难民署等，它们本身作为非营利组织没有稳定的资金来源以及政府支持，因此社会捐助就是它们的主要应急物资来源。这种筹措方法，虽然成本低，但是很容易导致“力不从心”“为爱发电”的尴尬情况，而且极易引发“物资聚集”现象，对整个应急物流体系造成影响。在我国，社会捐助主要起到补充作用，而且在政府的主导下，我国的社会捐助相比于国际上的要更加快速有序，极大地减轻了“物资聚集”现象所带来的副作用。

总而言之，应急物资的筹措是一个全方位、多层次的动态过程，不仅要求在突发情况发生时反应迅速、灵活处理，还要求在平时就做好储备、运输等准备工作；不仅各级政府部门需要进行统筹规划，其他相关的各职能单位、企业也要协同合作，积极配合。同时，应当采用多种筹措方法相结合的方式，尽可能保证应急物资筹措的准确性和及时性。

第二节
应急物资的运输

本节主要从应急物资运输的特点、效果衡量指标、相关工作流程以及运输方式等角度阐述应急物资运输的相关知识，并介绍应急物资运输相关的研究问题和优化方法，旨在帮助读者较为全面地了解和认识应急物资运输。

一、应急物资运输概述

（一）特点

应急物资运输一般指在应对可能发生或已经发生的突发事件时，通过各种交通工具将应急物资运送到指定地点的应急物流行动，与一般的商业物资运输相比，具有时间紧、责任大、运输环境差等特点。根据应急物流生命周期理论，应急物资运输主要发生在突发事件的响应阶段，是应急物流的核心工作和关键步骤。

（二）效果衡量指标

应急物资运输的效果一般通过两个指标衡量。第一个指标是应急物资运输的时间，从应急服务点到受灾点的应急物资或人员运送时间直接影响到救援响应效率、灾害损失的大小和受灾群众的痛苦程度。因此，运输的时间是决定应急物资运输效果的关键因素。①第二个指标是应急物资运输的保值效果，②物资从配送中心等服务点到受灾点的途中，要经过运输、包装、装卸和搬运等多个环节，在整个过程中，物资可能发生淋雨、受潮、水浸、生锈、破损、丢失等情况。应急物资运输需要尽可能避免上述情况，保障物资从分发端到需求端转移过程中的质量和数量，保证物资的应急价值。因此，运输的保值效果也是决定应急物资运输效果的关键因素。

从以上两个方面来看，应急运输时间越短，路径选择越可靠，对应急物资的保存越严格，紧急救援的能力就越强，就能够尽可能地减小灾害造成的损失。然而，由于重大突发事件的影响范围往往比较广，物资配送中心离突发事件发生地往往较远，物资运输的过程常常比较艰难。再加上道路等基础设施被损毁等不确定因素，就可能进一步造成运输过程中时间延误、物资受损或丢失。因此，在应急物资运输过程中，需要考虑的问

---

① 李珍萍．物流配送中心选址与路径优化问题[M]．北京：机械工业出版社，2014．

② 严玉康，沈涛．物流企业会计[M]．上海：立信会计出版社，2005．

题就是如何在满足紧急救援需求的前提下，充分考虑运输中的不确定因素，优化物资和车辆的调度，合理确定应急物资运输规划。

（三）工作流程

应急物资运输集合大量信息进行优化决策，基于应急物流信息系统，常常需要一整套严密的工作流程，与应急物资运输紧密相关的具体工作可以分为四个方面，如图5-1所示。①

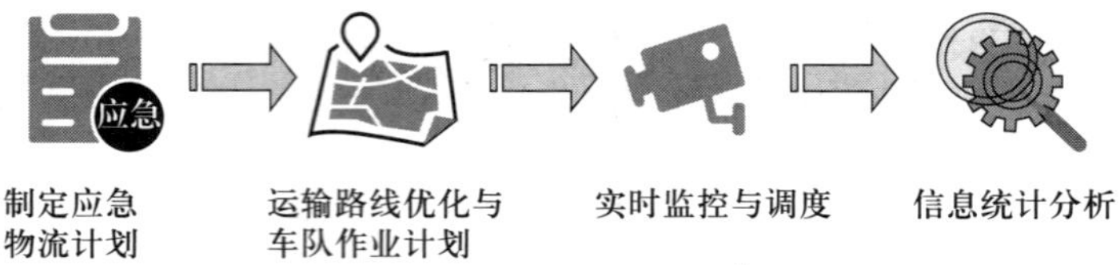

图5-1　应急物资运输的流程

1. 制定应急物流计划

突发事件发生后，一线救灾人员会梳理需要的物资清单、装卸地点要求、运输时间要求及其他特殊需求，通过应急物流信息系统，有效地传递给应急指挥中心。通过应急指挥系统的支持，应急指挥中心会在检查物资、车辆、司机、路径等相关信息后，综合考虑可用的物资、所需的成本、运输的安全性与必要性等相关信息，制定应急物资运输计划。运输计划所涉及的要素包括出发地与目的地、运输物资的种类和数量、派遣的车队与相关人员以及运输的时间要求等。

2. 运输路线优化与车队作业计划

物流计划中对运输路线和车队安排需要应急物流信息系统的辅助，系统会对出发地和目的地的相关信息进行处理，在电子地图上生成相应的网络，并把车载量等数据传递到运输计划生成系统，得出优化路线后显示在地图上。具体而言，应急物流信息系统会对车辆和物资相关数据进行计算，根据物资的重量、体积等属性和车辆的容积、载重量等信息，合并或拆分至不同的单车作业。根据单车作业分配、路线选择等信息，系统会确定发车时间和配送顺序，生成运输方案，并对方案进行智能配载系统检验。系统还要检查车辆的空间是否够用，车辆的型号是否满足紧急路况要求，司机的排班是否合理，车辆的油耗及补给方案是否合理等。如果不合理，则要重新制定计划，直到得到满意的结果，然后将满意的运输方案保存为车队配送计划。

3. 实时监控与调度

运输车队出发后，应急物流信息系统会将车辆调度结果传递给物流过程可视化监控系统，物流监控系统将会对车辆进行全程监控，跟踪车辆所在位置、装卸状况、剩余运输状况、油耗水平等信息，实现途中多次调度，并将货物运输状况报告给相关人员。另

① 侯云先，等. 应急物流运作[M]. 北京：中国财富出版社，2014.

外，车载移动测量系统等空间信息技术也会实时采集车辆周围的路况信息，并传输给系统，以反映紧急情况下路况和路径信息的变化，从而支持地图修改和路径分析。

4. 信息统计分析

在应急物资运输任务完成后，系统将会对结算信息进行整理，进行相关的分析。应急物流信息系统支持相关人员按照实际的运输状况进行费用、效率等相关的查询统计分析，以不断改进单车分配、路线选择、调度计划等相关的算法和功能。

二、应急物资运输方式

应急物资的运输方式包括公路、航空、水路以及特殊运输，下面将对以上这些运输方式进行简要的介绍。

（一）公路运输

公路运输是指使用由非轨道承载的车辆运送物资的运输方式，是最普遍的应急物资运输方式。由于公路、加油站等基础设施的普遍存在，公路运输具有低成本和不需要反复转运、装卸搬运所承运物资的优点。

由于灾后环境复杂，应急物资的公路运输比一般情况下的公路运输更具有紧迫性。例如，在2020年新冠肺炎疫情中，我国政府开通了应急物资车辆绿色通道，应急物资车辆可不停车、不检查、不收费和优先便捷通行，疫情防控物资、生产生活物资和工程建设所需物资均被纳入应急保障运输范围，以助力物资快速送达疫情防控一线。然而，在地震等灾害造成道路等基础设施损毁严重的情况下，若救援力量不能及时发挥作用改善公路路况，常常会导致一系列的障碍，使得车辆难以正常行驶，从而造成应急物资运输延误。为了确保车辆快速通行，应急救援有时需要引入一些特殊的运输手段，包括越野运输、重载运输平台等。

（二）航空运输

航空运输是指使用航空飞行器运送物资的运输方式。航空运输具有载重量小、成本高，但灵活性高、速度快的特点。据此，其承运的对象通常具有优先级别高、价格昂贵、对运输条件要求苛刻等特点。

根据飞行器对起落环境的要求不同，应急物流中的航空运输主要可分为飞机运输、小型飞行器运输和直升机运输三类。

1. 飞机运输

飞机运输是指在具有航空线路和飞机场的条件下，利用飞机作为运输工具进行物资运输的一种运输方式。相对另外两类航空运输说来，飞机运输的承载量较大，可以完成超长距离运输。但是，由于飞机对起落环境的要求较为严格，其在物资运输上的连续性较差，需要其他运输方式的配合才能完成运输任务。

2. 小型飞行器运输

小型飞行器运输是指使用小型无人飞行器进行物资运输，其承载量相对较小，可以实现的运输距离较短，一般用以完成更为精准的点对点的物资投放。例如，当少量民众被洪水围困时，小型飞行器可携带救生圈等轻量救援物资紧急升空，飞到被困者上空进行精准抛投，为被困者争取等待救援时间。

3. 直升机运输

直升机运输是指使用运输直升机进行物资运输，这种运输方式没有地形限制，能进行垂直的物资补给。在应急物流中，直升机面对环境复杂、条件恶劣等情况，能够打破空间限制，快速完成运输任务，在重大突发事件和紧急情况中有着无法取代的关键作用。以我国为例，我国70%以上的城市、50%以上的人口分布在气象、地震、地质和海洋等自然灾害严重的地区，各类安全事故总量较大，而直升机能快速到达事故地域实施空中勘察、搜索救援、物资输送、空中指挥等工作，可最大限度地降低各类事故死亡人数，减少事故损失，有效保障人民生命财产安全。①现如今，直升机已成为航空应急救援的核心装备。目前用于应急物资运输的直升机类型有：

（1）重型运输直升机。速度快，运载能力强，能通过内载或外部吊挂方式载运重型施工设备或大型装备，且无须机场起降，是一种较好的运载工具，在历次重大自然灾害中都发挥了巨大作用，因此受到世界各国的普遍重视，发展非常迅速。②

（2）中型通用直升机。可兼顾不同类型的任务，如救援、运输、通信等，其运输携带能力较强，仅次于专门用作运输的重型运输直升机。中型通用直升机凭借其多用途和出色的运输能力，成为直升机“家族”中部署规模最大的直升机。美国黑鹰直升机是过去40多年世界范围内最成功的中型通用直升机，占全球军用直升机总数的53%。

（三）水路运输

水路运输是指使用船舶运送物资的运输方式。③对于应急物资的运输来说，其具有载重量大、成本低，但灵活性小，连续性差且耗时较长的特征。因此，水路运输通常适合承担大宗、笨重物资的中长距离运输任务。

根据交通线不同，水路运输分海运和河运两种。海运是使用船舶等水运工具经海上航道运送物资的运输方式，具有运量大、成本低等优点，但运输速度慢，且受自然条件影响较大。而河运则是在国内的江、河、湖泊、水库等天然或人工水道运送货物和人员的运输方式，相对来说成本低、耗能少，但其同样受自然条件限制，速度较慢，连续性差，如果遇到较窄或者较浅的河道，吨位较高的船舶还无法通航。④

---

① 王航．浅谈应急救援中直升机的应用特点及趋势[J]．科学与信息化，2020（6）：194．

② 张海，周志兵．重型运输直升机的现状及发展趋势[C]．2009年湖南国防科技论坛．湖南省兵工学会，湖南省宇航学会，湖南省航空学会，2009．

③ 刘刚．物流管理[M]．2版．北京：中国人民大学出版社，2008．

④ 李建丽，真虹，徐凯．水路运输在低碳经济背景下的比较优势[J]．水运管理，2010，32（3）：14–16．

对于应急物资的运输，仅仅采用水路运输的方式往往不能实现物资从出发地到需求点的传递，通常需要其他运输方式的配合。

（四）特殊运输

随着科学技术的发展，以及对应急救援工作顺利展开的迫切需要，特殊的车辆运输技术也被引入应急物资运输当中。下面介绍三种特殊的运输方式。

1. 越野运输

（1）非常规地形运输技术。该技术的目的是使越野车辆通过复杂的地形，如沟渠、灌木丛、松软地面。一般可以通过以下方法实现：利用较大功率的发动机；改变车辆形态，如采用三轴以上的多轴式、铰接式和星形轮组式等；采用大直径轮胎、轮胎中央有充气系统等。①

（2）陆空两栖越野技术。该技术以陆地运输为主，在遇到无法越过的障碍时，可以暂时升空越过障碍。2020年清华大学车辆与运载学院李骏院士团队成功研制出第一代清华猛狮陆空两栖自主驾驶飞车。该车能够根据不同空间调整驾驶方式，地面行驶和传统的车辆无二，然后在四轮两驱底盘的底座基础上利用旋翼实现飞行。②

（3）水陆两栖越野技术。水陆两栖汽车兼具车与船的特性，既可在陆上行驶，又可泛水浮渡，在应急物流领域具有广泛的应用价值。水陆两栖汽车要满足陆上和水上的使用要求，存在许多关键技术，如底盘技术、车体线形及结构设计技术、水中推进技术、密封性技术、抗腐蚀技术和发动机的散热技术等。

2. 重载运输平台

重载运输平台包括重型运输车、模块化运输车、重型装备运输承载平台。重型运输车是指载重超过18吨的运输车型，可以实现大量人员以及物资的灵活、快速进场；模块化运输车主要应用于重大、高、异型结构物的运输，使用灵活、装卸方便，在多车机械组装或者自由组合的情况下，载重量可达千吨；重型装备运输承载平台在大型设备搭设和修复道路时可以将大型设备运至突发事件发生地（可能存在河流、沟渠、陡壁，以及被破坏的公路和桥梁等障碍），并保障大型设施设备正常工作。例如，成都航发机器人有限公司研发的OmniTitan系列运输车就属于上述的重型装备运输承载平台。OmniTitan可提供单车0~500吨的负载能力，特别适合于大尺寸、大吨位工件的运输，可在沥青、自流平、混凝土、钢板、硬土地面上运行，具有很强的地面条件适应能力。由于其自身具有整车自顶升功能，除可用于直接承载工件外，还可通过钻入工件架并进行自顶升，托举工件架后间接承载工件。根据现实要求，多台OmniTitan运输车还可实现同步联动，用于托举超大型部件。OmniTitan运输车可遥控，也可构成全自动导航的运输系统。③

---

① 徐东．应急物流技术概论[M]．北京：中国市场出版社，2020.

② 清华大学车辆与运载官网．李骏院士团队成功研制陆空两栖自主驾驶飞车[OL].

③ 成都航发机器人官网．OmniTitan重型全向运输[OL].

3. 多式联运与异质运输

由于灾情的复杂性，除了单纯的车辆和直升机运输，也常常会由两种及以上的交通工具相互衔接、转运、组合而共同完成应急运输。对于多种交通工具接力完成的运输工作称作多式联运，而多种交通工具组合完成同一运输任务的称作异质运输。多式联运常常发生在灾后复杂的地理环境或交通环境下，而异质运输则更多考虑承载物资的特殊性。例如，突发事件发生后灾区需求的某些物资需要冷藏配送，运输过程中需要严格控制温度从而保障质量，但冷藏相关配套设备的投资和使用成本可能较高，且短时间内很难筹措这些设备；相对地，常温配送对于温度的控制能力较弱，可能导致应急物资在途中变质腐败，但是设备的经济成本相对较低，调度车辆的时间成本也较低。因此，综合权衡各项成本和时间，确定合理的车辆类型，如冷藏车与常温车的异质车辆的组合，并匹配合理的配送路径。

专栏5-2：延伸阅读 大豆专线——铁水陆联运急调应急储备物资

2020年2月18日，在宜昌东车站货8线上，工作人员们戴着口罩操纵龙门吊，经过4个多小时不间断作业，将60个20英尺集装箱从汽车吊装到由30辆车皮组成的专列上。这是武汉局集团公司2020年首次通过开行铁水联运专列的方式协助中储粮从湖北宜昌向成都调运应急储备物资。

为确保西南地区疫情期间云、贵、川、渝和西藏等地区大豆价格稳定，中储粮在元月下旬安排从舟山紧急调拨大豆304标箱共9 000吨进行战略储备，并委托上海中远海运物流公司从太仓港通过长江运至距离三峡大坝最近的宜昌市白洋港，准备继续向成都运送，以确保疫情需要时调得动、用得上。但因受到疫情期间各种交通方式限制性措施安排影响，这批大豆滞留在白洋港，无法前行；加之大豆运输时效性强，容易发生霉变而造成损失，因此宜昌市物流业发展中心在2月16日向宜昌车务段请求铁路部门协助，采用铁水联运方式在2月22日前做好并完成宜昌到成都的保量入库运输工作。

对此，武汉局各级运输部门迅速反应，按照重点物资运输要求为这批大豆开辟绿色通道，紧急从荆门、恩施、宜昌等铁路营业办理站调用集装箱以及专用平板车辆，做到及时、足额配空。宜昌东站派专人与白洋港对接联系，了解参与转运的汽车运输能力、公路短驳和道路通行等问题，准备调车、货运、装卸人员实行24小时轮班作业，做到即到即装，最大限度压缩集装箱换装时间，并集中优势运力组织专列发出。与此同时，武铁各运输部门还加强装运大豆列车的在途实时盯控，要求调度以及沿途各车站对列车优先办理、优先接入、优先补轴、优先交接，以最短时间送达目的地。

资料来源：中新网. 大豆专列轮船换乘火车 铁水联运急调应急储备物资 [OL].

三、应急物资运输优化

应急物流与传统商业物流不同，首先需要考虑的往往不是总成本最低，而是能够尽可能地减少因应急物资匮乏而造成的受灾群众的痛苦。例如，为了尽快抢救被围困在洪水中的灾民，在安排武警及医护人员的运送方案时，会优先选择节省时间的方案（可以用时间长短或与时间相关的效用函数来量化应急物流的效果），而不是选择节省一部分运费的方案。①

（一）应急物资运输分类

虽然应急车辆运输的根本目的与一般商业物流有较大的不同，但它们所面对的具体问题仍较为相似。通常考虑的应急物资运输问题可以根据任务特征分为下面两类：

1. 集货或送货的车辆运输优化（多任务）

车辆以空车形式从出发地出发，去物资储备仓库装满货后返回出发地，或是车辆装满货物去各需求点处卸货后返回出发地。在这种情况下，货运总量不超过车辆容量的任务可采用简化后的一辆车巡回运输模型进行模拟，其解决的问题又称为有容量限制的旅行商问题（TSP问题）。这里出发地可以是车库、仓库、集运中心、配送中心等。

2. 集货和送货一体化的车辆运输优化（单任务）

每一项货运任务都有自己的集货点和送货点，车辆从出发地出发，去某一任务的集货点装货后运至其送货点卸货（即装卸混合），完成任务后返回出发地，这种任务常常是优先级较高的紧急任务。由于这种情况下每项任务的货物量一般较大，每辆车只能去执行一项任务，即直接从出发地到任务点装货（或卸货）后返回出发地，按点对点的最短路线行驶即可，一般不需要安排行车线路。

（二）按货运量分类

根据货运量的大小，应急物资的运输又可分为下面两种情况：

1. 较大货物量且任务点分散

货运量较大（一般大于车辆容量的1/2），或各任务的集货点和送货点均比较分散时，货物难于混装，车辆完成一项任务后，再空车行驶至下一任务的集货点完成下一项任务，车辆如此交替重复行驶和空车行驶，直至完成全部任务后返回出发地。

2. 较小货物量且任务点集中

货运量与车辆容量相比较小（一般指小于车辆容量的1/2），且任务的集货点和（或）送货点比较集中时，可由一辆车在几个集货点装货（货物可混装或车辆有分割仓），然后到几个相应的送货点卸货。

在应急物资运输过程中，单任务、较大货物量且任务点分散的情况更多涉及物资分配的内容，而多任务、较小货物量且任务点集中的情况则主要涉及路径规划问题。路径规划问题本身对算法要求较高，常常与需求点的物资匮乏时间和送达物资的时间窗口

---

① 李珍萍，周文峰．物流配送中心选址与路径优化问题：建模与求解[M]．北京：机械工业出版社，2014．

（时间窗口指受灾点对应急物资配送的时间范围要求）的计算同时考虑，因此针对此类问题求解的算法研究较多。

四、车辆运输优化的一般求解

一般来说，车辆运输优化问题的求解分为以下3步：第一步是了解相关应急物流问题的背景；第二步是通过给出优化目标、约束条件、决策变量等建立应急物流问题的数学规划模型；第三步是通过各种方式对相应优化问题进行求解。按照问题求解的精确度，车辆运输优化问题求得的解可以分为最优解和满意解，最优解是指能使目标函数取最大最小值的可行解，而满意解是一种决策者不确定是否为最优的，但可以接受的可行解（可能是局部最优解）。对于规模较小、复杂度不高的模型，一般考虑通过精确算法求得其全局的最优解。而随着数学模型复杂程度的提升，求解问题规模的增大，会导致问题的求解无法在多项式时间（在计算复杂度理论中，是指问题的计算时间不大于问题大小的多项式倍数）内完成，算法耗费的时间以指数甚至更高的阶次飞增，最终成为NP-Hard问题。对于NP-Hard问题，一般只能转而去求问题的满意解。启发式算法是一种求问题满意解的经典算法，它以降低求解精度为代价使得求解时间更短。因此，启发式算法求得的不一定是最优解，但是其求解的时间复杂度却可以得到保证。

综上所述，按照求得的解是最优解还是满意解来划分，车辆运输求解算法可分为精确解法和启发式算法两大类。

（一）精确解法

精确解法通过严谨的数学模型或计算机数据结构算法，利用数学法则或数据结构搜寻的方式，求得车辆配送问题的最优解。常见的精确解法有动态规划法、分支定界法和切平面法。

1. 动态规划法

动态规划法的核心观念为最优化原理，其运用数学逻辑来处理一连串相互关联的阶段问题，并采取有序步骤以求得对整体较为有利的策略，如斐波那契序列的求解就是使用了动态规划的思想。求解方法与步骤如图5-2所示。

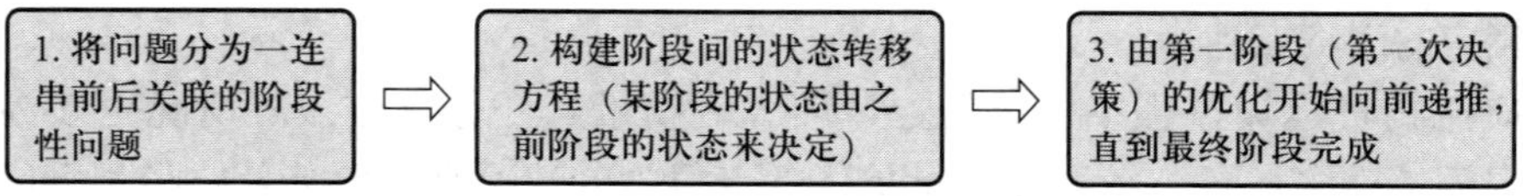

图5-2　动态规划法求解方法与步骤

运用此法可以求解一般的旅行商问题（travelling salesman problem，TSP），但由于其计算时间与所占计算机内存空间均随变量的增加而呈指数增加，因此该方法仅适用于规模较小的问题。

2. 分支定界法

分支定界法常被用于求解整数规划或混合整数规划，是用一般求解线性规划的方法，通过缩小最优解所在的可行解空间来最终得到整数解或混合整数解。如果将要求解的整数规划问题称为问题A，将与它相应的线性规划问题称为问题B，那么求解问题B可能出现以下几种情况：① B没有可行解，这时A也没有可行解；② B有最优解，并符合问题A的整数条件，B的最优解即为A的最优解；③ B有最优解，但不符合问题A的整数条件，那么此时就可以开始进行分支定界法求解。分支与定界的内容即为系统地搜索有约束条件的最优化问题的所有可行解空间，其中分支是指把全部解空间反复地分割为越来越小的子集，而定界是指对每个子集内的解集计算一个目标上界或者下界。在每次分支后，若某个已知可行解集的目标值不能满足当前的界限要求，则将这个子集舍去，这一步骤常被称为剪支。

3. 切平面法

此方法与分支定界法类似，也是在求解与整数规划相对应的线性规划时，不断地增加新的约束，也就是加入另外的线性约束条件，以删除所有非整数可行解的集合，使问题转化为整数线性规划求解，从而获得最优解。

（二）启发式算法

由于车辆运输优化问题一般是NP-Hard问题，高效的精确算法存在的可能性不大，所以寻找近似算法是必要和现实的。目前已提出的启发式算法很多，其类别也很多，比较常见的有以下3类。

1. 构造算法

构造算法最早被用于解决旅行商问题，通常具有求解速度快且灵活的特点。用构造算法解决运输问题，通常有以下4个步骤：① 设定优化准则；② 根据准则，逐步完善运输计划（如路径规划）；③ 与前一步骤同时，比较当前的运输计划与其他运输计划，并择优保留；④ 完成运输计划。虽然构造算法步骤清晰，灵活高效，但有时找到的解也会与最优解相去甚远。

迪杰斯特拉（Dijkstra）算法是典型的最短路径构造算法，由荷兰计算机科学家迪杰斯特拉于1959年提出，用于计算一个节点到其他节点的最短路径。它的主要特点是以起始点为中心向外层层扩展，直到扩展到目标点为止。下面通过一个例题来说明。

【例题5-1】用迪杰斯特拉算法计算图5-3中源点A到其他各点的最短距离。

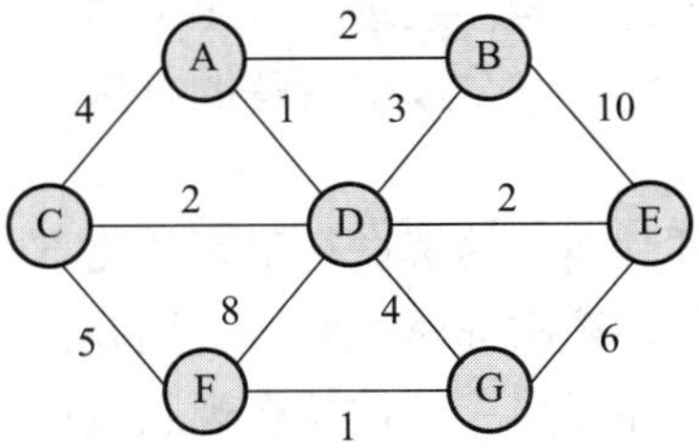

图5-3 算例无向图

步骤一，根据图中数据给出距离矩阵，标记源点A，令dist（A）=0。

	A	B	C	D	E	F	G
A	0	2	4	1	∞	∞	∞
B	2	0	∞	3	10	∞	∞
C	4	∞	0	2	∞	5	∞
D	1	3	2	0	2	8	4
E	∞	10	∞	2	0	∞	6
F	∞	∞	5	8	∞	0	1
G	∞	∞	∞	4	6	1	0

步骤二，根据距离矩阵中源点A到各点的距离，选择其中距离最小的点D并标记，令dist（D）=1。

	A	B	C	D	E	F	G
A	0	2	4	1	∞	∞	∞

步骤三，用dist（D）与D到未标记点的距离相加，并与A到该未标记点的距离比较，此处以点B为例。可见A到B的距离2小于A到D再到B的距离之和4，因此点B的最短距离即为A到B的距离，记为dist（B）=2。

	B	C	E	F	G
D	4	3	3	9	5
A	2	4	∞	∞	∞

步骤四，与上述步骤同理，由这样逐步递进的方法，我们可以得到源点A到其他各点的最短距离，即可获得dist（C）=3，dist（E）=3，dist（G）=5，dist（F）=6。

该算法中考虑的是较小规模的情况，当规模比较大的时候，该算法通过构造点与点之间的联系，可以极大地提高搜索效率，降低运行时间。

2. 两阶段法

学者们通过对构造算法的研究，认为由构造算法求得的解可以进一步改进，为此提出了两阶段法。第一阶段得到一个可行解；第二阶段通过对点的调整，在始终保持解可行的情况下，尽力向最优目标靠近，每一步都产生另一个可行解以代替原来的解，使目标函数值得以改进，一直继续到不能再改进目标函数值为止。这是一种在解的邻域中搜索，对初始解进行某种程度优化，以改进初始解的算法。

3. 改进算法

从一个初始解开始，通过对当前的解进行反复的局部扰乱以得到较好的解。基于启发式的并行算法和一些元启发式算法都属于此类。用并行算法求解旅行商问题还处于起步阶段，由于并行算法要求条件较高，导致其在现实应用中受到较大限制。元启发式算法包括禁忌搜索算法、模拟退火算法、遗传算法和人工神经网络方法等。

专栏5-3：延伸阅读 人工智能（AI）算法搜寻最佳运输路线

2017年飓风季节以来，飓风袭击后的美国地区，存在道路被树木和杂物阻塞，桥梁被毁，路面被破坏的情况。针对这一情况，应急人员面临诸多问题：如何将物资运送到受灾地区？哪些道路破损严重而无法开放？疏散幸存者的最佳路线是什么？没有道路交通网的具体数据，应急管理人员就不得不根据不完整的信息作决策。为解决应急人员的难题，麻省理工学院林肯实验室的人道主义援助和救灾系统小组一直在受灾城镇上用先进的机载激光雷达平台进行测试。激光雷达的工作原理是沿一个区域向下发射脉冲光子，测量每个光子反射回传感器所用时间。利用往返时间数据绘制道路、树木和建筑的3D"点云"地图，精确度在0.3米内。小组研究员查德·坎德说："通过我们的特殊方法，能确定道路受损情况，规划最佳路线。"截至目前，他们已经绘制了卡罗来纳州、佛罗里达州、得克萨斯州和波多黎各的大片土地。这些地区遭遇飓风后，该团队手动筛选了数据，来帮助联邦紧急事务管理局（FEMA）查找、量化道路受损情况。

基于已有的现实道路信息的数据，研究小组当前的重点工作是开发可自动量化并寻找运输路线的AI算法。作为21世纪的尖端技术，AI算法在计算机上实现时有2种不同的方式。一种是采用工程学方法，即用传统的编程技术，使系统呈现智能的效果，而不考虑所用方法是否与人或动物机体所用的方法相同。另一种是模拟法，它不仅要看效果，还要求实现方法也和人类或生物机体所用的方法相同或相类似。遗传算法和人工神经网络方法均属后一类型，并且同属于启发式算法中的改进算法。

研究小组为了提供道路状况信息，首先通过这种神经网络运行激光雷达图。该神经网络经过学习和训练能够查找和提取道路，确定其宽度。然后，AI算法搜索这些道路，标记出无法通行的路段。例如，一堆雷达点向上延伸并横穿道路，这就很可能是一棵倒下的树。雷达点突然下降很可能是道路上的洞或被冲刷的区域。

将部分道路及其异常标志提取出来后，再与该地区的OpenStreetMap（类似谷歌地图）合并。应急管理人员可用此系统来规划路线，或识别出被灾害隔离的社区。系统能显示某两个指定位置间的最佳路线，并绕开无法通行的道路。从提取道路、评估受损情况到路线规划，既能用于单个社区，也能用于整个城市。该团队将继续测试、训练和调整算法，提高准确性。他们希望这项技术能很快部署，为灾难响应和恢复提供重要信息支撑。

资料来源：Techxplore. With lidar and artificial intelligence, road status clears up after a disaster [OL].

第三节 应急物资的调度

本节基于应急物流中运输网络动态变化的特性，介绍了应急物资调度问题，并探讨了应急物资调度的特点、方法以及管理流程。

一、应急物资调度概述

许多突发事件，特别是强度高、破坏力大的灾害发生以后，常常伴随着一系列的次生灾害，对灾后应急物流环境造成进一步的影响。因此，受突发事件的不确定性和动态性影响，灾后应急物流环境也是随时变化的，仅仅使用静态的应急方案去应对显然是不妥当的。在应急物资的运输过程中，应急物资调度就是根据突发事件的变化情况，通过在短时间内调整或改变原有运输方案，以更好地满足灾害应对和处置过程中的实际需求的重要应对方法。应急物资调度具有如下特点：

（一）环境复杂性

突发事件发生后，受灾地区环境往往十分恶劣，这给应急物资调度带来了极大挑战。例如，地震引起的地表破裂、山体滑坡等状况严重影响道路、桥梁和隧道的使用，极端天气影响直升机等救援力量的参与，无组织的志愿者或群众大量涌向受灾区域，与有组织的运输队伍争夺有限的道路物资等。另外，应急管理人员指导灾区群众进行疏散过程中产生受灾人员交通流，与应急物资供应中心派遣救援车辆至灾区并运输应急物资到安全区所产生的应急物资交通流，也会发生冲突，进而产生异质性交通流问题。①

（二）时间敏感性

应急物流中的“急”是指处理和应对突发事件的时间敏感性，应急物资的调度也具备这一特性。灾后应急物资调度指令的下达常常伴随着较为紧急和严重的突发需求，越快地执行调度任务就能越好地应对灾后的动态性应急物流环境，越能挽救更多生命和财产损失。因此，应急物资调度有极强的时间敏感性。

（三）实时性和动态性

正如之前所提到的，灾后应急物流环境并非一成不变的，而是随着灾害的发展以及

① 薛白．基于异质交通流的区域应急疏散路线规划[D]．华中科技大学，2013．

应急物流行动的开展而不断变化的。因此，应急物资调度要符合灾后应急物流环境的变化，同样需要具有实时性及动态性。例如，应急指挥主体可以重新评定应急物资的需求优先级，并对现有运输方案进行调整，做到实时调度。

（四）韧性和可扩展性

应急物资的需求和供给在突发事件发生前是不确定的，应急运输所涉及的人、财、物的供应往往不局限于各种专项储备，社会捐赠也是其重要的来源之一。在设计调度策略时，必须考虑物资流量的不均衡性，将调度优化方法设计为开放的和可扩展的模型，将各种可能的情况考虑在内，使得应急物流运输可以随着应急物资的需求和供给方的急剧变化而做出动态调整。

总的来说，根据应急物资调度的特点，其与普通商业物流调度的区别如表5-1所示。

表5-1　应急物资调度与商业物资调度的区别

指标	应急物资调度	商业物资调度
目标	调度结果保证物资运输的公平性和及时性	最小化成本或最大化利润的基础上提高顾客满意度
对象	主要是公路和航空运输	铁路、水路、公路、航空甚至管道运输
指挥系统	临时调用；结构简化，保持政府、捐赠者、临时建立机构等的联系，突发事件处理后丧失作用	常设，长期使用；具有运输路线，保持各经济实体的联系
信息环境	信息量庞大，动态变化，常常存在信息缺失或难以掌握等问题	信息充足，稳定，变化较平稳
决策方案制定	突发事件前：制定模糊或保守方案 突发事件后：补充信息调整方案	有稳定的运输和调度系统，随市场或资金情况做平稳的日常的调整

二、应急物资调度方式

应急物资调度具有如下分类方式。按照影响范围不同，可分为全局调度和现场调度；按照调度物资对象不同，则可分为载具调度、物资调度、设备和人员调度。下面将对上述调度方式逐一展开介绍。

（一）按照影响范围不同划分

1. 全局调度

全局调度指的是依靠应急指挥技术系统进行的大范围物资调度，可分为国家级、省级和地市级。其中，国家级调度主要应用于全国范围内造成特大损失的严重破坏性灾害发生后的应急物资调度，省级调度主要应用于省内或波及省内的较严重破坏性灾害发生后的应急物资调度，地市级调度主要应用于地市内或波及地市的一般破坏性灾害发生后的应急物资调度。各级应急物资调度工作可以借助应急指挥系统进行信息共享、数据交换、辅助决策和发布命令，进行全局科学调度。

2. 现场调度

现场调度是以临时指挥部为决策核心的一线应急物资调度方式。临时指挥部是在应急决策运作过程中，由相关部门组织的、以应对临时性突发事件的指挥与处置机构。在现场调度工作中，临时指挥部承担以下重要职能：第一，根据突发事件的进展、相关工作预案和领导指示，组织指挥参与现场救援的各单位，按照指令进行物资调度调整；第二，根据属地管理，组织相关职能部门，做好运输保障；第三，随时跟踪事态进展情况，研究制定紧急处置方案并向上级部门报告。

（二）按照调度物资对象不同划分

1. 载具调度

载具调度旨在根据指令，使载具在满足一定的约束条件下，实时切换行进路线，有序地通过一系列装货点和卸货点，实现应急救援目标。载具调度的对象包括车辆、飞行器和重型装备运输承载平台等。载具调度中所需要注意的事项包括：第一，载具调度人员要迅速将调度指令准确地下达给载具操作员；第二，载具调度人员要与载具操作员保持通信联络，随时了解载具工作情况；第三，载具操作员应按照指令，及时、准确到达指定的用车地点和完成工作任务，并及时反馈任务执行情况。

专栏5-4：延伸阅读 实时路段监控——沪公交行业部署防台风措施

2021年9月，为最大限度减少超强台风对运营安全的影响，上海久事公交集团部署防范措施，具体包括：通过智能信息手段对公交车进行实时监控；针对下立交、隧道等易积水地点，制定应急调度方案；对线路运营情况实时监控，一旦发现道路积水超过警戒线，立即发出应急调度指令；成立了青年志愿者保障队，针对各营运线路重点路段及易积水路段提前预置力量等。

具体地，巴士公司针对经营区域内的下立交、隧道等易积水地点，为途经线路制定了应急调度方案，同时利用信息化手段对所属线路运营情况进行实时监控，一旦发现道路积水超过警戒线，立即发出应急调度指令。另外，各线路设置执勤调度员，与车队24小时值班管理人员对接，及时沟通营运实况；车队利用营运调度监控指挥中心实时掌握各路段积水情况，并通过车载信息屏推送实况信息，提醒驾驶员安全规范操作，当路面积水超过300毫米时，要求驾驶员靠边停车并报公司大屏值班室，采取绕道等应急预案。

资料来源：澎湃新闻. 实时监控路段、制定应急调度方案——沪公交行业部署防台措施 [OL].

2. 物资调度

灾后应急物流的物资调度指的是面对需求信息不准确、需求紧急程度存在差异和运输网络动态变化的复杂环境，按照实时灾情信息，对应急物资的运输方案所进行的动态调整，是保障应急救援顺利开展的关键。物资调度对象包括帐篷、棉大衣、棉被、折叠床、简易厕所等生活类物资和食品、饮用水等不宜长期保存的日常所需物资。物资调度的主要注意事项有：第一，对应急物资的实时调度做到全流程监控，从入库、出库到中途流转实行纪检监督，杜绝个人擅自挪用、借用、调用物资；第二，依托应急管理系统，实时掌控应急物资品种、数量、质量、用途、储存地点等信息，通过科学优化方法选择物资以满足各项动态需求，为实时指挥调度、物资调运、应急救援提供保障。

3. 设备和人员调度

设备调度对象主要包括诸如挖掘机、装载机等大型救援设备，也包括对医疗救援类、传染病控制类、中毒处置类、核与放射处置类等装备的调度；人员调度对象包括对应急救援人员和团队，以及相关职能部门的实时调度。由于这两项调度在应急物流中占比较小，因此不做过多介绍。

除了上述分类之外，按照任务时间约束的强弱性质来划分，物资调度又可分为硬实时调度和软实时调度。硬实时调度要求必须满足任务截止时间的要求，错过截止时间则不可容忍；软实时调度要求期望满足任务截止时间要求，对截止时间没有硬性要求。按照调度优先级分类，物资调度还可以分为抢占式调度和非抢占式调度。两者区别在于抢占式调度可以让优先级高的任务抢占优先级低的任务的运输物资，而非抢占式调度则不可以。这些详细的分类主要还是为了方便应急物流实践，读者在此仅作了解即可。

三、应急物资调度管理

应急物资调度由于信息庞杂且涉及面广，常常需要一整套严密的工作流程，与之紧密相关的管理工作可以分为若干步骤，如图5-4所示。

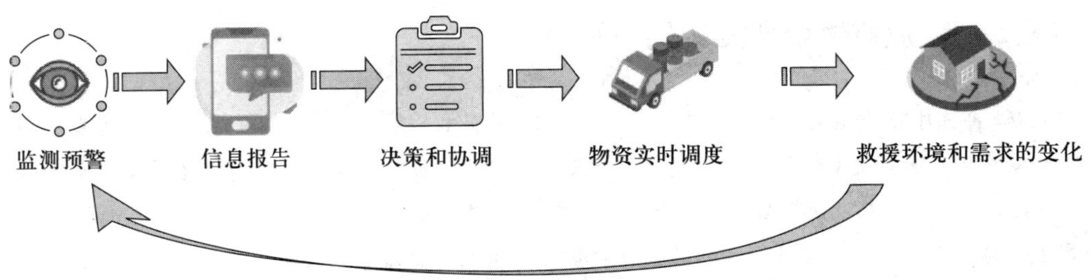

图5-4 应急物资调度的管理工作流程

（一）监测预警

实现实时物资调度需要根据实时数据进行动态决策，其中，数据的收集离不开实时监测，动态决策离不开信息预警。以地震灾害为例，震后的受灾地区可能发生一系列的次生灾害，如山洪、泥石流等，建立气象、水利、国土物资等部门联合的监测预报预警信息共享平台和短时临近预警应急联动机制，可以为灾民转移和物资运输路线提供动态决策参考，减少次生灾害损失，提高救援效率。

（二）信息报告

灾后信息能够简明、快速、准确地传递到决策者的手中，是实时物资调度的基础。由于信息的失真将直接导致后续的错误决策，因此在这一环节尤其需要避免缓报、瞒报、漏报、错报等信息传递问题。信息报告的重要性受到了各级政府的广泛重视。例如，2022年，乐山市防震减灾服务中心根据中国地震局、省地震局和全市紧急信息报送工作会对突发事件和重要紧急情况的上报要求，采取“三化”举措，进一步规范突发地震事件信息报送要求。举措包括“量化”震级标准，增强可操作性；“细化”报送流程，强调时效性；“强化”值班值守，严明纪律性。

（三）决策和协调

根据收集的灾情信息进行快速、系统的决策和协调是实时物资调度的关键。由于实时调度时间紧、信息量大、决策变动涉及面广，仅仅依靠经验和片面信息进行指挥的风险较大，因此往往需要采用先进的管理信息系统和应急救援协同调度平台进行信息整理、辅助决策、联动指挥、信息发布。感兴趣的读者可以扫码阅读基于信息系统的调度平台辅助决策的例子。

（四）物资实时调度

基于决策和协调步骤发布的命令，一线应急物流运作人员将调整原有的应急方案，其中包括物资类型、数量、运输路线或运输工具等多方面的调整，并按照新的方案实行接下来的应急物流活动。

专栏5-5：应急物资调度案例一则

2008年5月25日凌晨1时，汶川“5·12”大地震发生后第13天，救援行动仍然在紧张地进行。四川电力物流集团公司按照抗震救灾指挥部的指示，连夜装车加固，将73台发电机送往汶川。抗震救灾指挥部接收到实时路段信息，原本确定的运输路线中，由于都江堰至汶川的213国道部分塌方无法通行。经过指挥部的快速决策与四川电力物流集团公司沟通，运输路线改换西线，绕道阿坝。公司给予每车配备两名驾驶员，昼夜兼程，25日晚到达马尔康。最后，73台发电机迂回800公里抵达汶川重灾区。图5-5展示了原运输路线以及调度后的运输路线。

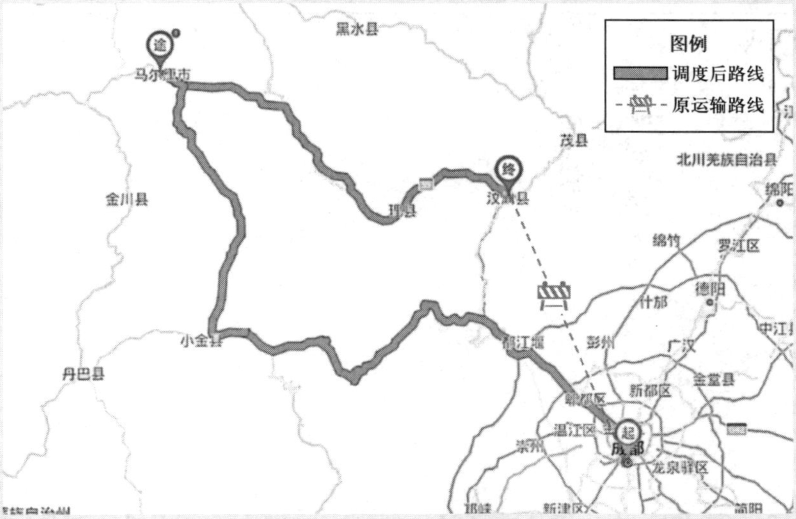

图5-5　应急物资调度案例

资料来源：四川新闻. 73台发电机迂回800公里抵达汶川重灾区 [OL].

本章小结

应急物资的筹措、运输与调度是应急物流运作的主要流程，几乎所有与应急物流相关的研究均会有所涉及，其重要性不言而喻。本章从应急物资的筹措、运输与调度的基本概念、方法等出发对其进行介绍。需要注意的是，尽管在实践中应急物资的运输与调度往往同时出现，但为了使读者能够明确两者之间的区别与联系，本章将两者分开并逐一介绍，希望读者能够加以区分，避免混为一谈。

思考与练习

1. 思考我国政府在应急物资筹措过程中可能遇到的问题，并且给出相应的解决方案。
2. 思考为何我国应急物资筹措的主要方式不是国际上主要采用的社会捐助。
3. 简述应急物资运输调度的管理工作流程。
4. 简述不同的应急物资运输方式。
5. 思考应急物资筹措与调度环节之间的联系以及它们在整个应急物流运作流程中发挥的作用。

即测即评

扫一扫，测一测

第六章 应急物资的分配与发放

学习目标

通过本章学习应能够：掌握应急物资分配与发放的相关概念；熟悉应急物资分配与发放的特点和影响因素；掌握应急物资分配与发放的原则及发放方式；了解应急物资分配与发放体系现状以及管理情况。

导读案例

《汶川地震抗震救灾生活类物资分配管理办法》

为加强汶川地震抗震救灾生活类物资的管理，规范分配、发放和使用，提高运行效率和使用效益，2008年6月1日，民政部颁布《汶川地震抗震救灾生活类物资分配办法》(以下简称《办法》)，对汶川地震救灾生活类物资分配、发放和使用的原则、程序、制度、监督等做出明确规定。

《办法》规定，抗震救灾生活类物资应当根据受灾区域大小、受灾程度、人口密度、灾区群众需求进行分配，保证重点，确保及时、快捷、高效、公开、公平、公正发放。严禁物资发放中的优亲厚友、性别歧视、年龄歧视和孤残歧视行为，在保障需求的同时，避免浪费。

《办法》要求，抗震救灾生活类物资分配要建立责任制度，做到手续完备，专账管理，专人负责，账物相符。灾区各级政府应当设立抗震救灾生活类物资调配中心，负责统一管理、调配、组织发放抗震救灾生活类物资，对抗震救灾生活类物资的接收和发放应当建立严格的工作制度。灾区政府在灾民集中安置点统一设立抗震救灾生活类物资发放点，负责抗震救灾生活类物资的具体发放工作，并公示负责人名单和联系方式。物资发放点要吸收受灾群众推选的代表参与生活类物资的发放和管理工作。灾区乡镇政府必须严格执行收发制度，实行收发“实名制”，物资收发单以及存档记录应当由负责人签字。

《办法》规定，定向捐赠的物资，由接收单位按照捐赠者意愿安排使用。为充分发挥物资使用效益，在捐赠物资过于集中某一地区或某一品种的情况下，接收捐赠单位经捐赠人书面同意后，按有关规定调剂分配。

民政部强调，违反《办法》规定，玩忽职守、贻误工作的，对有关责任人员将依法给予处分，涉嫌犯罪的，将移送司法机关依法处理。

资料来源：民政部. 汶川地震抗震救灾生活类物资分配办法[OL].

第一节
应急物资的分配

本节主要从应急物资分配的概念、特点、影响因素以及原则等角度介绍应急物资分配的相关知识，旨在帮助读者了解应急物资分配这一运作环节。

一、应急物资分配概述

（一）应急物资分配的概念

应急物资分配是应急物流响应阶段的重要组成部分，其主要工作包括提出应急物流快速响应过程中的应急物资分配策略[①]，建立适用于救灾工作需要的物资分配原则，最大限度地发挥有限资源的使用效益，对受灾人群实施救助或阻止灾害的延续，从而尽最大可能减小灾害所造成的损失。应急物资分配与应急物流、应急管理的关系如图6-1所示。

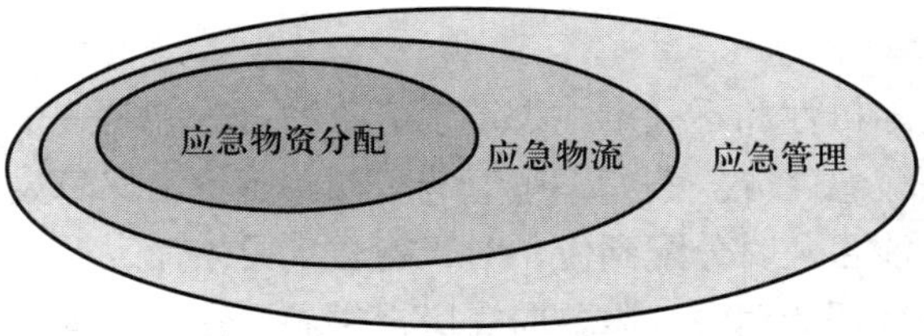

图6-1　应急物资分配与应急物流、应急管理的关系

在灾害发生后，将会产生大量的应急物资需求，且短时间内往往缺乏物资需求量的精确信息，这给应急物资的合理分配带来极大的困难和挑战。若应急物资调配不当，将直接影响应急救援活动的开展，甚至造成更加巨大的后继损失。因此，在资源有限的情况下，合理地分配应急资源就显得尤为重要。随着我国应急物流体系快速响应机制的建立，合理的应急物资分配对于降低突发事件的影响起到了显著的作用。[②]

---

① 葛洪磊．基于灾情信息特征的应急物资分配决策模型研究[D]．杭州：浙江大学，2012.

② 夏萍，刘凯．基于反馈控制原理的应急物资分配动态决策过程分析[J]．物流技术，2011，30（1）：87-89.

（二）应急物资分配特点

对于一些突发事件，由于难以准确地估计其持续时间、强度大小、影响范围等，因此在应急物资分配的过程中需要统筹安排，在不同地区间对数量巨大、种类繁多的应急物资进行调拨。应急物资分配具有以下特点：

1. 动态性

应急管理的主要特点之一就是高不确定性，众多不确定因素会综合作用于突发事件全过程，比如其发生的地区、气候条件、持续时间等。应急物资的分配也是一个动态变化的过程，应急部门需要预见各种不确定因素对事件的影响，根据掌握的信息以及前一阶段的处置结果及时进行调整。不仅要考虑物资需求，还要考虑物资的实际分配效果，即使有相应的分配预案或方案，也不能完全照搬过来，而是要根据实际情况做出相应的决策，并对其进行动态的修正、完善，以减少不确定性对应急救援行动造成的威胁。

2. 时效性

在应急物资的分配中，要及时有效地向需求点提供正确品种、足够数量的应急物资。例如，我国地震中人员伤亡的统计表明：地震灾区被埋压人员在震后10小时内被抢救出来并得到及时有效救治，在应急物资供给得到保障的前提下，生存率很高。这里的“及时有效”还要求决策者考虑物资在超过其功能时效和需求时间内送达需求点后的情况，以期发挥应急物资的效用和价值。一旦前期决策失误，所带来的延误成本是不容忽视的。因此，一般而言，应急物资分配的基本目标是追求时效最大化，在最短的时间成本上实现应急物资的供给，满足受灾群体的物资需求。①

3. 多阶段性

突发事件本身的随机性和不确定性决定了应急物资分配是一个多阶段的过程，每一阶段的任务亦有轻重缓急之分。例如，应急响应初始阶段，保障灾民的生命安全为第一要务，生命救援物资能否及时分配到位，对于挽救灾民生命、开展有效的救援工作意义重大；在随后的应急救援活动中，需要向灾民提供衣、食、住等基本生活物资，而后还要考虑灾区重建等问题。因此，与一般资源调度任务不同，应急物资的分配是多阶段的工作。

综上所述，应急物资分配是一个复杂的系统性问题。应急管理组织必须从应急物资分配的内涵出发，综合考量多方面的因素，以制定科学合理的分配方案。这些特点也决定了应急物资分配系统与一般的资源分配系统有所差别，具体如表6-1所示。②

---

① 陈达强．基于应急系统特性分析的应急物资分配优化决策模型研究[D]．杭州：浙江大学，2010.

② Tzeng G H, Cheng H J, Huang T D. Multi-objective optimal planning for designing relief delivery systems[J]. Transportation Research Part E, 2007, 43(6):673-686.

表6-1 应急物资分配系统与一般物资分配系统的区别

指标	一般物资分配系统	应急物资分配系统
系统目标	利润最大化或成本最小化	兼顾公平与效率
构成要素	生产商、配送中心、客户	物资集散点、转运配送站、物资需求点
设施特点	常设性	临时性
总体规划	长期、中期、短期均有	具有紧迫性，在最短时间内尽快做出决策
侧重点	侧重系统整体优化	强调系统时效性

二、应急物资分配的影响因素

（一）自然属性因素

与灾害相关的自然属性是影响应急物资分配的重要因素之一，包括灾害的类型、范围、严重程度、持续时间等。一般而言，灾害波及范围越广，受灾程度越严重，则受灾损失越大，分配的应急物资就越多；反之则越少。因此，为了快速高效地应对灾害事件，减少损失和人员伤亡，首先应该明确与灾害相关的自然属性，这也是制定应急物资分配方案的基础和必要准备。

对于某种特定灾害或突发事件，不同的地理环境因素对于应急物资需求的影响也有所不同，如不同地域的地理特征和道路分布情况、所处的时间和季节等，相应的应急物资的分配也不可一概而论。因此有必要对这些自然属性因素进行研究，统计和分析受灾和伤员情况，归纳总结出符合具体灾害的应急物资分配规律和决策。

（二）社会属性因素

除了自然属性，社会属性也是影响应急物资分配的重要因素，包括不同的文化习俗、经济发展程度和民族地域等。例如，沿海发达地区相较于中西部地区在应对突发事件时往往更加迅速，应急物资分配也更加高效。针对不同的社会属性，对应的应急物资分配方案和决策也不尽相同，因此在制定相关的应急物资分配方案时应当结合具体的社会属性因素，不能一概而论。

（三）信息因素

在应急响应阶段，迫切需要协调各方的资源，避免分配混乱。在这个过程中，信息的重要性不言而喻，通信中断或者不畅造成的信息闭塞，会给抢险救援、需求供应、物资分配等环节的资源协调带来很大的风险。准确、及时地掌握物资调度的具体情况以及灾区反馈的实时受灾和物资需求信息，对后续的应急物资分配决策的动态调整和完善起着至关重要的作用。因此，有效的应急物资分配需要获取突发事件的关键信息，以对灾情做出及时、准确的评估，为应急物资分配提供决策依据。目前，灾情信息获取也是掣肘应急物资分配的弱点之一。

三、应急物资分配原则

由于应急物资分配决策可能面临需求量未知、供应量有限的不确定环境，因此保证应急物资的分配公平性尤为重要。在灾害环境下，灾民的身体和精神都相对比较脆弱，一旦感知到应急物资分配的公平性原则受到破坏，容易引发公愤，进而可能演变成为群体性事件，使得灾害的损失进一步扩大。一般而言，可依据不同的应急物资分配原则，采取不同的分配方式。

（一）完全公平原则

诸如饮用水、食物等基本生活必需品，在物资不是特别紧缺的情况下可以实现完全公平分配。完全公平分配原则的优点是在应急物资有限的情况下，物资分配基本做到一视同仁；而其主要的缺点是对于某些特殊需要的人群，没有优先供给和分配，而且在实际的物资分配过程中也会存在暗箱操作等不公平现象。因此如何保证有限的应急物资在各个需求点公平分配，避免由此造成人心不稳、区域动荡，是一个关键问题。

（二）效益最大原则

效益最大原则是指当灾害事件发生时，应急物资应尽快从各配送中心运送到受灾点。在制定应急物资分配方案时，基本原则是在最短的时间内完成救灾物资的合理分配，使受灾群众需求的满足程度最大，追求分配效益最大。①

效益最大原则的优点是充分利用应急物资，使其发挥最大的救援功效；但与之相对应，决策者可能需要对受灾点进行取舍，做出科学合理的物资分配选择。应急响应组织应努力选择最优的分配方案，使得分配策略的效益最大化，以达到灾区需求的最大满足，使有限的资源得以有效利用。

（三）优先级原则

在某些情况下，物资分配也需要根据不同的情况设置适当的优先级顺序，从而制定合理有效的分配方案。根据不同的优先级类别，具体分类如下：

1. 按灾情严重程度设置优先级

受灾地区灾情严重程度越高，该地区对于应急物资的需求越迫切，需求量通常也相对较大，因此可按灾情严重程度分配应急物资。具体而言，按该原则进行应急物资分配时，应该首先对受灾地区的灾情严重程度进行详细且系统的评估，以此为依据制定对应

① 刘艳．救灾物资分配问题[J]．科技信息，2009（15）：120-122.

的物资分配方案和计划，保证受灾较严重的地区分配到较多的应急物资。

2. 按应急物资需求设置优先级

按需分配是最理想的应急物资分配方案，但由于在灾害条件下，每一个受灾地区的应急物资需求信息并不明确，因此只能通过一些间接的数据来预测应急物资的需求，从而可能导致一些偏差。

3. 按物资分配距离设置优先级

对于某些严重的突发事件，其影响范围较广，破坏力较大，可能导致应急物资需求急剧增加。在资源紧缺无法满足所有需求点的情况下，有时不得不将应急物资优先分配给距离近的需求点，从而尽可能减少突发事件带来的经济损失和人员伤亡。当然这也是在综合考虑全局性情况下的一种优先分配方式，在可能的情况下仍应当尽力满足更多的灾区救援需要。

4. 按不同群体设置优先级

根据不同突发事件以及不同种类的应急物资，有时需重点考虑到某些特定群体的需求并设置相应的应急物资分配的优先级。以2020年新冠肺炎疫情为例，在抗疫过程中应急物资分配的优先级原则主要体现在医疗防疫等关键物资，如N95口罩、防护服等的分配向抗疫一线的救援工作者倾斜，而疫苗则优先老弱病残孕群体接种。

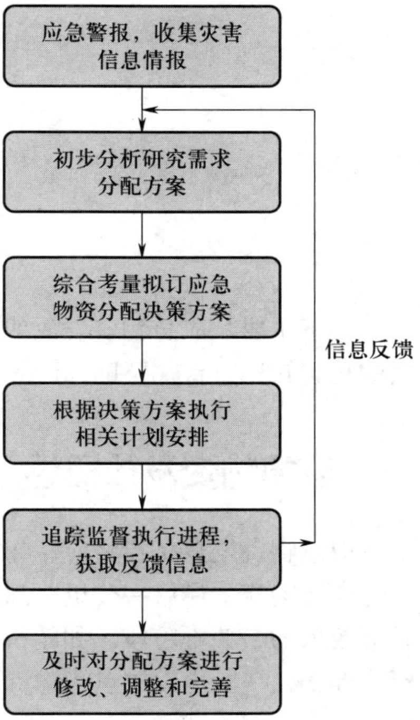

图6-2 应急物资动态分配决策具体步骤流程

应急物资分配的公平性在应急物流研究中也是重点之一，不同的研究采用的公平度量方式也有所不同，感兴趣的读者可以扫描右侧二维码阅读相关延伸拓展内容。

综上所述，应急物资的分配应该是一个动态的决策过程，需要随着突发事件的不断发展和逐渐明朗的信息反馈来进行方案的调整，其具体流程如图6-2所示。

总的来说，应急物资的分配受到众多因素的影响，除了考虑应急物流的效果之外，还应综合考虑针对不同受灾对象的应急物资分配公平性。因此，大多数情况下，在进行应急物资分配时，并不是单一地按照某一个原则进行分配，而是需要对全局进行统筹安排，灵活运用多种分配原则，才能得到一个相对合理的应急物资分配方案。在实务中，这就要求应急救援活动的参与者能够顾全大局，通力协作，避免出现各自为政的情况。

第二节
应急物资的发放

本节主要从应急物资发放的概念、方式、影响因素以及原则等角度介绍应急物资发放的相关知识，旨在帮助读者了解应急物资发放这一运作环节。

一、应急物资发放概述

应急物资发放是指将应急物资交付到最终服务对象——受灾群众手中，实际上解决的是应急物流“最后一公里”问题，是整个应急物流供应链的最终阶段，也是衡量应急救援效果的最关键阶段。如图6-3所示，应急物资发放（最后一公里）环节处于灾后物资流部分，一般指发放点将物资发放到灾民手中的过程。[①]

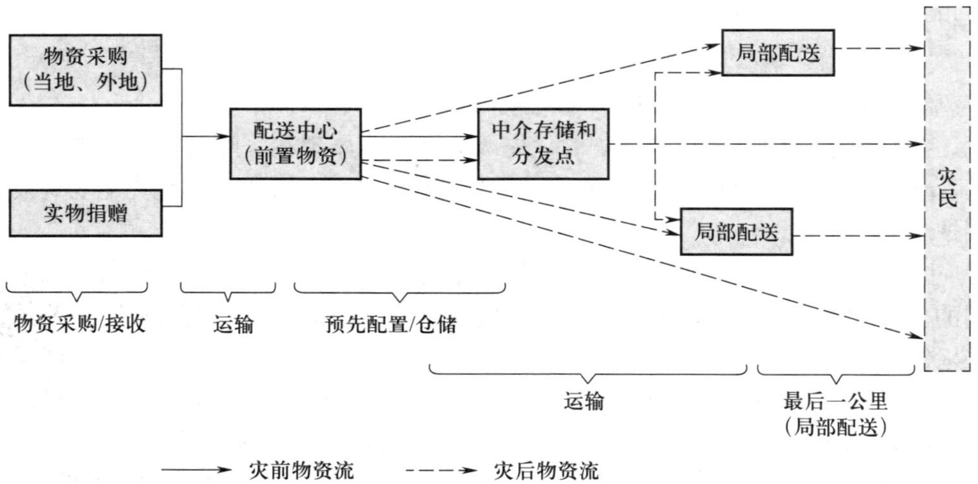

图6-3　灾前灾后物资流过程

在救援物资到达发放点后，工作人员应当立刻清点物资数目是否正确、检查是否有损坏或破裂等问题。在发放救济物资之前，需要合理地评估接收到的物资的重要性，优先分配与发放重要的救济物资，如食物、饮用水等；对于特殊物资如药品和紧急用品，应当另外安排专业人员发放。

① 薛坤．人道救援物流最后一公里运输问题研究[D]．成都：西南交通大学，2014.

灾后初期受灾群众心理十分脆弱，会出现易怒、敏感、焦虑等不良心理状况。此时，灾后救济物资在他们眼中十分重要，视同生命，救济物资的“一举一动”都会受到极大的关注。在这种现实情况下，工作人员需要格外考虑灾民的情绪，对于救济物资的储藏位置、发放流程、发放数量等信息，做到及时公开，保证灾民可以随时观测和了解应急物资的具体情况。

二、应急物资的发放方式及影响因素

（一）应急物资的发放方式

传统的商业物流主要根据物资的品种、数量等进行点到点的配送，但对于时间紧迫、预算有限的应急物流来说，这种方式物流成本过高，且势必会占用紧缺的应急资源。因此，目前应急物资的发放手段以领取为主，辅以针对特殊群体的配送。

受灾群众的安置方式主要分为集中安置和分散安置。顾名思义，集中安置是指受灾群众在灾后由政府或其他组织统一救助，集中安置于设立的安置点内；分散安置是指受灾群众在灾后仍生活在自己家中或其他相关场所，当地政府不承担受灾群众的安置工作。一般而言，将受灾群众集中后再发放救援物资是一种较为省时、省力且高性价比的发放方式，但灵活度不高；而分散发放则与之相反，具有灵活度高的优势，但是成本相对较高。而物资的发放方式又分为主动式和被动式，区别在于灾民是主动领取救援物资还是被动接受救援物资的发放。综上所述，救援人员需要根据具体的灾害、地形等因素有针对性地选择适当的物资发放方式。

根据受灾群众安置方式以及是否主动接收物资，本书将应急物资的发放方式分为集中主动、集中被动、分散主动和分散被动4种，如图6-4所示。

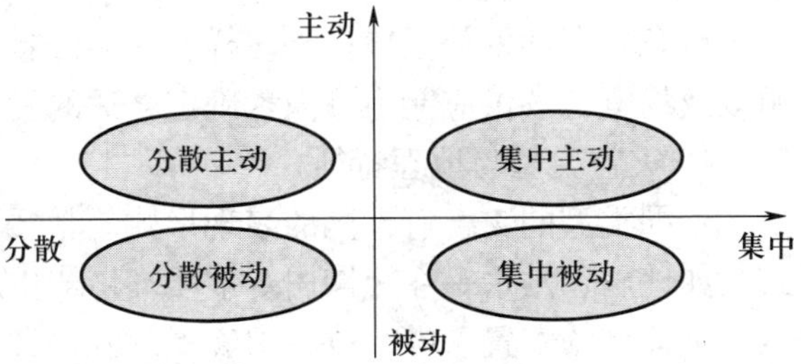

图6-4 应急物资发放方式

1. 集中主动发放

集中主动发放是大型灾害中较为常见的发放方式，是将受灾群众集中安置，但要求大家主动前往发放点领取相应应急物资的发放方式。这种方式有利于应急响应初期集中有限救援精力、节约救援时间和精减救援人员，但相比于分散发放，在建立安置点时需要耗费大量的人力和物力，同时还需要考虑受灾群众的吃、穿、住等多种问题，所以当地政府和相关部门应当提前制定规划，做好相关的应急响应预案和应急演练工作。

2. 集中被动发放

在大型灾害中，如地震、泥石流等，灾区基础设施损坏严重，受灾群众的身心健康均可能受到严重损害，不仅需要及时转移安置，也需要集中进行援助和管理。因此，应急救援物资一般由工作人员或志愿者发放到安置点内灾民手中，这便是集中被动发放。该方式对于应对大型灾害具有显著的效果，尤其是灾害初期的一些特殊应急物资的发放，如药品、特殊器械等，有利于充分利用和发挥物资最大的救援效用。这种发放方式的成本较高，且对应急救援组织人员的技能和素质具有较高要求。

3. 分散主动发放

与集中发放相反的是分散发放。分散主动发放是指救援组织并不集中安置灾民，而是在灾区固定地点设置发放点，由灾民自行前往发放点领取或购买救援物资。在实际救灾过程中，采取分散主动应急物资发放的情况较少，一般只针对一些特殊的灾害类型，如由病毒引起的公共卫生事件。例如，2020年新冠疫情暴发时，针对某些疫情并不是很严重的地区，为了降低病毒传播的风险，采取定点供应相关应急物资的分散主动发放方式。

4. 分散被动发放

分散被动发放是指不集中安置受灾群众，而是由工作人员或志愿者将应急物资逐个发放至受灾群众家中或隔离点的方式。在新冠疫情中，对于疫情严重的地区就是采取分散被动发放的方式。除此以外，当灾后灾区基础设施未造成较大的损坏，但部分受灾群众因种种原因（如年纪过大行动不便）无法自行前往相应应急物资供应点时，或者对于部分贫困家庭进行优先分配时，亦可采取分散被动发放的方式，以避免不必要的矛盾，同时工作人员也需做好相关的宣传和说明工作。

（二）影响发放方式的因素

应急物资的发放手段多种多样，在实际救援过程中，主要根据灾害的类型、现有资源以及物资持续供应能力等因素确定合适的发放手段。影响发放方式的主要因素如下：

1. 灾害类型与地理特征

不同类型的灾害有不同的表现形式。救援组织应当根据灾害类型采用不同的发放方式。如地震、洪水等在短期内对地质环境产生剧烈影响的自然灾害，应当优先转移灾民至安全地带的安置点内，以集中安置的救援方式为主，而后根据灾民的受伤情况、现有物资等因素考虑采取集中主动发放或集中被动发放。但对于诸如公共卫生安全事件，如传染病而言，采取集中安置的方式就不合适，因为可能导致交叉感染，故此时应当采取分散安置的方式以隔绝病毒在人群中的传播。但需要注意的是，对于已感染患者，应当进行集中隔离安置，采取集中被动的发放方式进行救助，这样可以在集中资源救助患者的同时有效减少病毒传播。

地理特征也能对应急物资发放造成影响，如在山区、丘陵、人烟稀少地带发生的灾害，难以在短时间内将灾民运往安置点进行集中救助。此时，物资发放应当尽可能采取分散被动发放的方式进行救助，将救灾物品通过诸如无人机、汽车甚至牲畜等运输方式直接提供给受灾群众。在实际的救援过程中，需要决策者根据当地状况选择符合现实的物资发放方式。

2. 受灾人口

受灾人口同样和物资发放方式密切相关。受灾人口越多，则每人可使用的救灾物资数量相对越少；相反，受灾人口越少，每人可分配到的救灾物资数量就越多。因此，当发生大型灾害，受灾人口较多时，救援组织应当对受灾较为严重的区域，采用集中发放的方式进行救助，将有限的资源优先供给受灾严重的灾民；对于受灾不是特别严重的灾民来说，采取集中或分散发放均可，以最大化救援物资的利用效率。

3. 救援力量

应急响应部门的救援力量直接关系着应急物资的分配与发放工作。救援力量充足时，救灾组织拥有较强的物资筹备和调度能力，可以选择持续加大救援力度，开展大规模物资发放工作；但当救援力量不足时，救援组织就会面临着巨大的物资处理和调配问题，应急物资分配与发放可能会后继无力。因此需要提前对现有物资进行全局规划，制定、选择合适的应急物资发放方式和预案。

一方面，在灾后初期，需求点可能会收到相当数量的“无用”应急物资，救援组织需要花费大量额外的时间和精力对其进行分配、调运等工作，这不但增加处理成本，也不利于应急物资的调度和分配与发放，进而影响后续抢险救灾任务的开展；另一方面，对于收到的捐赠物资，公众希望掌握物资的使用动态，如物资的流向、处理结果、是否真正送达灾民手中等，当红十字会收到非应急物资时，不得不抽调部分运力、人力用于处理这些物资。但是作为特殊组织机构，这些部门日常工作人员较少，难以负担灾后物资短期内如此庞大的工作量，而招聘临时的员工，由于缺乏相关的专业知识和培训，导致整体效率更为低下，进而影响应急物资的分配和发放行动的顺利展开。

三、应急物资发放原则

（一）公平原则

在灾后救援阶段，来自社会各界和相关组织的应急救灾物资数量是相当庞大的，把这些物资公平有效地分配与发放给受灾群众，避免产生内外部的争议和矛盾，是非常重要的。救灾物资的公平发放，首先应当确定发放对象，然后按事先拟订的公平发放方案进行发放。值得注意的是，无论是主动发放还是被动发放，都存在暗箱操作的可能性，这给实际的物资发放带来了巨大的困难和挑战，应当引起救援组织的重视。

（二）公开透明原则

应急物资发放遵循公开透明原则。要制定科学、合理的发放管理细则，提前做好救灾物资发放预案。相关负责人做好验收、登记和库存管理等工作，完善流程规范和监督机制建设，确保物资发放全过程有据可循，让应急物资的分配与发放工作更加可视化、透明化。救灾物资发放不得向灾民附加任何条件，严禁变相收费、侵占、肆意挪用救灾物资，对优亲厚友、徇私舞弊等现象应严肃处理，避免引起众怒。

（三）物资匹配原则

不同类型突发事件对于应急物资的种类和数量有不同的要求。对于地震、山体滑坡等局部性地质类灾害，需要提供方便食品、饮用水、照明用品、帐篷等；对于冰冻雨雪、洪水、干旱等大范围气象灾害，需要提供耐储存蔬菜、粮食、防寒衣被等；对于群体性疾病、动物疫情等易扩散公共卫生事件，需要提供卫生清洁用品、防护用品、粮食等；对于核泄漏等事故灾难，需要提供粮食、瓶装饮用水、防辐射用品等。

（四）可持续性原则

对于可重复利用的应急物资，如帐篷、器械等应急救援设备需专门的工作人员进行清洁、维修、回收，并制定相应回收和管理制度。回收后的物资可以存储于政府相关部门的各级应急储备仓库。同时，完善逆向应急物流网络结构，提高回收率和修复率，将不可修复物资设备的处理成本降到最低。

第三节
应急物资的分配与发放管理

本节主要在前两节介绍的应急物资分配与发放相关知识的基础上，进一步介绍应急物资分配与发放的管理要求、存在的问题以及相应管理对策，旨在与实践相接轨，帮助读者进一步了解现有的管理体系。

一、应急物资分配与发放的管理要求

应急物流是在应对突发事件的过程中，基于对突发事件的原因、过程及后果进行分析，有效集成社会各方面的相关资源，对突发事件进行有效预警、控制和处理的运作活动。对应急物资分配和发放进行有效管理能够最大限度地减少自然和人为因素的影响，保证在应急情况下各种物资的合理分配和发放，是衡量应急物流保障水平的显著标志。应急物资分配与发放在管理过程中的具体要求有：确保安全，合理存放，优化流程，准确无误，全程监控。①

① 仲秋雁，薛慧芳，叶鑫. 城市应急物资管理流程模型研究：以危险化学品事故为例[J]. 大连理工大学学报（社会科学版），2013，34（1）：1-7.

"确保安全"是应急物资分配与发放管理的根本要求和基础。由于应急物流追求高效率，因此在应急物资的运输、配送、分配与发放等过程中必须保证物资不受损坏，做到安全稳妥，无事故发生，确保万无一失。

"合理存放"要求合理化应急物资存放以及分配与发放点的空间位置，便于快速及时地搬运、分配和管理，减少不必要的时间浪费，提高应急救援的时效性。

"优化流程"是应急物资分配与发放管理的内在要求。优化物资分配与发放管理流程可以最大限度地减少物流环节，节省应急救援时间，符合应急物流分配与发放追求时效最大化的特点。

"准确无误"是体现应急物资分配与发放管理水平的重要标志。应急物流的高速高效运转并不是以牺牲准确率为代价的，而是要求准确掌握应急物资的数量、规格、品种、型号等关键信息，对应急物资的分配和发放等过程做到绝对准确，严防各类差错事故的发生，严肃认真，做到不错、不乱、不差。

"全程监控"是指对应急物资在筹措、储备、运输、配送到分配与发放整个过程动态和静态监督控制，需要收集应急物资的实时信息，为指挥机构判断情况提供可靠依据。

专栏6-1：案例 汶川地震中救援物资分配与发放流程和监管体系

1. 出库四联单有去有回

6月25日早晨9时，成都高新区成都保税物流中心，抗震救灾物资归集拨付点仓库，两辆卡车正在紧张装运。这个物资点是目前成都市唯一一个抗震救灾物资归集点。据悉，成都抗震救灾物资发放达到95%，归集点也由最初的6个缩减为1个。

成都抗震救灾指挥部物资保障组常驻救灾物资归集点的工作人员，拿着抗震救灾指挥部发来的物资调拨单和仓库库管员一起清点着物资。调拨单上清楚地写着：棉被505床、草席34捆、牛奶117件、饼干300箱，运往地点为都江堰市政府赈灾物资调配中心。

同时，成都市纪委综合室副主任作为指挥部监督督查组工作人员，也到现场督查。他告诉记者，在地震发生后，成都市纪检监察部门在第一时间成立了监督检查组，出台了一系列规定，建立了抗震救灾物资收支登记台账制度、收支交接凭证制度、调拨统一指令制度，规范了资金、物资的发放流程，并进行严格的监督执行。在物资发放的高峰时期，组成6个监督组，对6个物资归集拨付点实行24小时督查。

很快，两辆卡车的物资装运完毕。仓库办公室开好了一式四联的发货清单，物流公司驾驶员签字确认后，二联留给了物流公司，一联留给了指挥部常驻归集点工作人员保存，一联留给押运员。押运员是从指挥部物资保障组派来的工作人员，他的任务是将物资送达后，签收回执单。

2. 中转引领员寸步不离

11时20分，物资车辆抵达都江堰彩虹大道海蓉药业公司广场，这里是都江堰市政府赈灾物资调配中心所在地。

调配中心物资接收发放组的工作人员和两名食品安全检查人员赶来，打开装运牛奶和饼干的卡车，检查每件物资的包装、生产日期、生产批号等。然后开出一式四联的物资（中转）单。

这批物资的接收中转单位是都江堰教育局，它们将被紧急运往蒲阳镇学校。“我们接到调拨来的物资目前基本实行立即拨付。”教育局的有关人员已经带着公章，赶往现场办公。

押运员和都江堰市的救灾物资调配中心引领员同时到接收单位，并将另一联回执单带回都江堰的调配中心。

调配中心负责人表示，当地纪检部门按照统一的部署和规定，建立了规范的监管制度和发放流程。记者在现场看到，广场公告栏上展示着物资调配中心的工作流程图、仓库的平面布局图，以及每天的库存物资，当日接收物资和当日发放物资。其中每一笔款物的流向都清清楚楚，明明白白。

“从明天开始，我们将把这些信息统一上网公示。”调配中心负责人介绍说，阳光操作将最大程度保证救灾物资资金接收、分配和发放的公开透明。

3. 发放每个学生都签字

11时40分，物资车抵达蒲阳镇。在一个开阔空地上已经搭建起来的一大片板房，是三所学校共3 800名学生的教室和宿舍。驻扎当地支援灾区的解放军某部导弹营20余名官兵闻讯前来搬运货物。

蒲阳镇中学和蒲阳镇小学校长接收物资。这几所学校6月23日复课，当天就接收到1 000套棉被、衣服、鞋等物资。今天接到的是第二批物资。

都江堰教育局负责接收物资的工作人员一起清点了所有的物资。准确无误后，由教育局监督负责人在物资清单上签字，并盖上了从教育局带来的公章。成都和都江堰运送救灾物资的工作人员拿到了他们的回执单，才算完成了这批物资调拨的使命。

所有物资都在学校作为临时物资接收点的一间办公室堆得整整齐齐，校长决定把属于他们学校的物资分配与发放到班级去。每个学生代表前来领取一件牛奶或饼干时，都在指定的物资领取单上签上他们的名字。

这还不是物资发放的最后一步。“在每个班级发放物资的时候，哪怕是一盒牛奶和饼干，每个学生都要签字。”王校长介绍说，最后签字之后统计的物资领取清单将汇总上报教育局。教育局备案，装订成册，作为以后接受审计和监督的依据。

整个物资发放的流程，每个环节环环相扣，是一套整合了纪检、监察、审计、财政、民政、统计等多个部门的全方位、立体型的监督网络，无缝可钻。

资料来源：光明网，全程跟踪救灾物资发放流程体验 救灾物资管理发放监督体系[OL].

二、应急物资分配与发放体系存在的问题

从现有的各类应急物资分配与发放方案的内容上看，应急物资分配与发放体系的关注点主要体现在应急管理一般组织程序的规范性和管理体系的建设方面，很少涉及具体的物资分配、发放和保障等问题。已有的应急物资分配与发放体系虽然起到了一定的资源配置和调度作用，但是总体上仍处于原始状态。因此，从我国应急物资分配与发放体系的现状来看主要有以下三个问题①：

① 张丹樨．我国灾后应急物资供应体系问题及对策研究[D]．合肥：中国科学技术大学，2010.

（1）应急分配与发放管理体制建设不足。我国的应急分配与发放管理尚处于起步阶段，虽然各级政府和相关机构都设立了应急物资分配与发放管理机构，制定了应急物资分配与发放预案，但尚未形成上下协调的体系。各部门的应急物资管理机构及相关分配与发放预案都停留在形式的构建上，实际职责及具体运作规定不明，灾后动员缺乏依据，不利于应急救援工作的开展。

（2）应急物资分配与发放指挥动员机制混乱。从我国的应急物资动员机制来看，应急物资动员涉及社会各阶层及多个政府部门，其中聚集了大量的人流、物流及信息流，但并未形成一套有效的动员机制。灾害发生后，仅由政府临时发出指令，各部门根据指令开展相应的应急物资分配与发放工作。一方面，这可能造成物资分配工作开展的滞后性；另一方面，由于动员机制建设不足，各机构间的信息流通不畅，往往带来动员工作的重复开展，导致动员工作混乱的同时，还浪费人力、财力、物力及时间。

（3）应急物资的供应系统建设混乱而且缺乏依据，应急物资分配与发放管理的相关制度规定不足。应急物资的分配与发放管理保障制度缺乏，相关的规章制度不够完善，这就使得各种分配与发放方式的实施缺乏根据和指导，可能导致灾害发生后，物资分配的时效性不足，效率低下，无法准确地分配与发放所需的应急物资。

三、应急物资分配与发放管理对策

（一）构建完善应急物资分配与发放体系

应当从应急管理整体工作的大局出发，结合经济社会发展现状及应对重特大突发事件的需求，构建完善国家、地方和基层社区的应急物资分配与发放体系。在国家层面上，要注重全国范围的应急物资统筹、调度管理，完善各类灾害救援保障物资的储备和前期部署，形成覆盖重点区域的各类救灾物资调拨保障能力。同时，应着重加强跨部门专业力量的协调配合，形成合力。在地方层面上，根据国家整体部署方案，结合地方实际情况，制定全面覆盖行政辖区的应急物资分配与发放预案，并有效做好协调各方救灾援助力量的准备工作。在基层社区层面上，要全面掌握小范围内灾民的社会生活特点、自然地理环境状况、道路通信与基础设施现状、人口数量及特殊人群分布等，制定符合本社区的应急物资分配与发放预案，定期对预案涉及部门和人员进行培训和演练，发现问题及时修改完善。

（二）加快应急物资分配与发放相关法规制度体系建设

一方面，在开展应急物资分配与发放管理主要法规制度体系建设的同时，从物资筹措、调度、配送、保障等方面，为应急物资分配与发放工作的开展提供理论依据；另一方面，通过梳理应急管理相关法律法规，找出推进应急物资分配与发放体系建设的内容，结合经济社会发展特点，重点考虑经济基础、自然环境及人文因素等对应急物资分配与发放工作的影响，特别要加强对不同地理区域、高风险灾害、特殊群体及重点企业的关注。

（三）加强应急物资分配与发放相关的科研开展及人才队伍建设

针对不同地区、不同类型的灾害发生风险及后果进行分析和评估，模拟构建灾后影响模型。加强对各类应急物资需求的研究工作，制定保障各类人群基本生活需求的应急物资储备、调运、分配与发放的清单和计划，结合实际评估结果，研究物资分配与发放点的合理布局。加强对政府、社会及社区等相关力量的应急物资分配与发放能力评估，以此为依据，定向开展弱势环节的建设完善工作。开展对应急物资分配与发放工作执行落实的具体方案研究，重点关注工作细节、程序阶段的合理性和科学性。

此外，将应急物资分配与发放工作相关的人才队伍建设视为落实各项工作的重要支撑，借鉴国外经验，培养相关的专家人才。

（四）营造应急物资分配与发放工作建设的全社会参与氛围

从以往经验和研究结果来看，社区和公众是突发事件的首要冲击对象，加强社区和群众应急能力建设，能够有效防范事故灾害发生，降低经济和财产损失。在应急物资分配与发放工作方面，应加强对社区和群众的宣传，指导制定应急物资需求清单、规划物资储备与分配发放点、设计分配与发放方案程序，强调应急物资分配与发放工作开展的注意事项，确保公众掌握其附近的应急物资分配与发放点及相关流程。同时，鼓励以家庭为单位，结合社区、地区及国家应急响应预案，科学开展应急物资储备，有效提高防灾自救水平。

本章小结

本章主要介绍了应急物资分配和发放的相关内容。应急物资的分配与发放是应急物流运作管理的重要一环，直接决定着应急救援行动的成效。由于分配与发放环节直接与灾民对接，因此公平性、透明性等成了关注的重点，这与之前的环节均有所不同，应加以区分。同时，应急物资的分配与发放同样与之前的环节有着紧密的联系，读者在学习本章基础知识的同时应当多加体会，融会贯通。

思考与练习

1. 结合实际例子简述应急物资分配、发放与调度的区别和联系。
2. 应急物资分配原则中哪条最为重要，如何贯彻和落实这些原则？
3. 思考在2020年新冠肺炎疫情中，武汉在全城封锁的情况下，社区或医院应该采用什么样的物资发放方式，并给出理由。

4. 针对“应急物资分配与发放指挥动员机制混乱”的问题，给出建议或解决方案。
5. 结合实际谈谈新冠肺炎疫情中新冠疫苗的分配方式。

即测即评

扫一扫，测一测

第七章 应急供应链

学习目标

通过本章学习应能够：了解应急供应链的概念和应急供应链的研究现状；掌握应急供应链的解构与重构；理解应急供应链契约的协调机制。

导读案例

汶川地震灾后救援的应急供应链运作

2008年5月12日14时28分04秒，我国四川省汶川县发生里氏8.0级大地震。此次地震震中位置为汶川县映秀镇，地震波及范围之大，30多年来罕见。汶川特大地震灾害发生后，政府部门协调各救灾主体，构建了以民政部为中心，军队、企业、社会组织等积极参与的应急供应链。

当日16时民政部作为应急物资保障指挥中心，从西安中央救灾物资储备库紧急调拨5 000顶救灾帐篷支援四川灾区。当天，从合肥、郑州、武汉、南宁四个物资储备库调拨救灾帐篷45 650顶。中国红十字会紧急启动一级响应预案，向灾区调拨价值78万余元的救灾物资等。除了动用平时储备外，政府部门紧急利用多种方式筹集应急物资，其中包括直接强制征用、市场紧急采购、组织突击生产、组织社会捐赠、争取国际援助等方式，迅速筹到了大量应急物资，可以立即运往灾区，节约了应急物资的运转时间，提高了应急供应链的运作效率。在运送救灾物资中，政府部门除了派出军队，还征用并鼓励民间组织充当物流资源，积极配合各项应急物资调度管理工作，及时有效地将应急物资运往灾区。

尽管我国的应急供应链运作及时、迅速，但在整个过程中，仍存在一些薄弱环节。例如，国家储备仓库物资明显不足，民政部设立在哈尔滨、沈阳、天津、郑州、合肥等10个城市的中央级紧急物资储备库灾前库存的约18万顶帐篷很快被全部调空，远远不能满足川、陕、甘三省300万顶帐篷的空缺。物资种类单一，只是帐篷、棉被一类，缺少灾后防疫、医疗器械等。另外中央储备库库存品种和数量不足，致使灾后多种物资缺乏，尤其是帐篷、食品、饮用水、部分药品、生活用品等，而且救灾物资运距过远，运输时间长，影响了救灾工作的时效。

另外在救灾物资配送环节，因为缺乏统一完善的应急平台信息系统，救灾物资的分配出现了多种渠道分发和多种指挥没有协调的混乱局面，导致一些救灾物资未能及时有效发挥作用。配送中心过于集中，导致现场救灾物资配送效率低下，出现发放混乱等情况。

在汶川地震整个救援过程中，可以看到当时我国应急供应链存在的优势以及问题，而现在的应急供应链是否仍然保持着以往的优势、对于上述问题改善多少？希望读者通过本章的学习，能够对应急供应链有更多的理解与感悟。

资料来源：刘宗熹，章竟. 由汶川地震看应急物资的储备与管理[J]. 物流工程与管理，2008，30（11）：52–55.

赵延勤. 从汶川地震看自然灾害应急物流配送[J]. 经济研究导刊，2009，8（9）：131–132.

第一节 应急供应链概述

本节主要从以下三个方面对应急供应链进行介绍：首先阐述应急供应链的概念，应急供应链与商业供应链的区别；然后介绍应急供应链的研究现状；最后从需求特征和管理要素特征两方面对应急供应链进行特征分析。

一、应急供应链概念

供应链是一个将供应商、制造商、分销商、零售商直到最终用户连成整体的功能网链结构模式①，它围绕核心企业，通过对信息流、物流、资金流的控制，从采购原材料开始，制成中间产品以及最终产品，最后由销售网络把产品送到消费者手中。应急供应链运作指的是面对自然灾害、事故灾害、公共卫生事件、社会安全事件等突发事件，以尽快恢复常态供应链物流系统运行、降低供应链价值损失为目的，采用动态的运输网络，对灾区紧急提供资金、物资、救援等保障的一种补救性、非常规的物流活动。狭义的应急供应链指的是以应急物资供应部门为中心，从应急物资的研发、生产、筹措，再到运输、储备、包装、维护保养、配送等环节，将应急物资供应部门及相关单位直到应急物资最终保障对象连成一个整体的功能网络结构模式。广义的应急供应链则是以应急保障部门为中心，从应急物资源头单位出发，经由中间各个应急保障环节，最终将应急物资送至受灾群众的一个整体的功能结构网络模式。②可以看出，狭义的应急供应链更加强调应急物资的流转过程，广义的应急供应链更加强调应急保障的各个环节。

相比于商业供应链，应急供应链的主导者一般是政府应急管理中心，服务对象是受灾地区的灾民，而供应商则大多是与政府合作的企业。除了供应链中主体对象的差异以外，应急供应链还具有如下特征：① 不确定性。由于自然灾害、公共卫生事件等具有突发性，其发生时间、影响范围等一般难以预测，所以应急物资的需求数量、运输路径、运输方式等都具有不确定性，需要根据灾区情况因地制宜。② 时效性。在突发事件发生以后，需要迅速做出响应，各组织应迅速对物资供给的运输工作进行安排，以挽救人民群众生命财产安全为首要目标，不惜代价迅速开展救援行动。③ 协调性。在应急供应链运作过程中，经常存在缺乏反应时间和物资供应不足的情况。因此，相比于普

---

① 沈建国，熊坚．物流与应急物流略谈[J]．物流科技，2005（4）：4-7.
② 龚卫锋．应急供应链管理研究[J]．中国流通经济，2014，28（4）：50-55.

通商业供应链，应急供应链中各环节的协调性要求更高，要求各类性质、功能、规模和能力均有不同的运作环节能够准确交接、高度协调以完成供应链运作目标。

二、应急供应链的研究现状

国外对应急供应链的研究起步较早。早在1984年，国外学者提出应当将物流管理的方法应用到救灾物资调运的过程中来提高救灾物资的运输效率。① 2004年印度洋海啸极大地促进了各国的应急物流行动和供应链的相关发展。在那之后，应急供应链的概念逐渐形成，国内外关于应急供应链的研究也逐渐丰富，主要分为数学模型在应急供应链中的应用和应急供应链的具体策略选择两部分。

数学模型在应急供应链的研究中发挥着重要的作用，很大程度上体现在应对应急供应链的不确定性上。1998年，外国学者根据突发事件需求的不确定性，提出了应急供应模式，也就是应急供应链中的供应环节。②在"非典"疫情过后，决策树的方法开始被应用于供应链管理中，据此，研究者们建立了供应链供应风险决策模型以降低供应链的不确定性。③随后，系统动力学逐渐被广泛地应用于分析应急供应链中主体之间的关系，证实了合作性策略模式可以有效提高供应链在突发事件发生时的运作效率。④同时，多点协作的数学模型被提出以处理应急供应链在某活动环节物资需求量过大的状况，相应地用于求取优化方案的启发式算法也被开发出来。⑤

理论与实际的结合在应急供应链管理中也有所体现，主要反映在供应链策略的制定上。1995年，鲁棒优化的概念第一次被应用于应急供应链中，在面对突发事件时，研究者认为该模型可以处理不同场景风险，是一种有效的应急风险管理工具。⑥而后，陆续有学者引用数学模型，提出了"弹性供应链策略""鲁棒性供应链策略"等理论构想。⑦面对突如其来的新冠肺炎疫情，有相关学者采取现代供应链管理理论，对疫情防控工作提出了建议；⑧也有的采用协同管理理论，主张协同各种资源，消除供应链不协调现象⑨。这些研究更多侧重于引入理论，对应急供应链各个环节进行分析，解决应急供应

---

① Ken ball, Cook D, Stephenson R. Lesson in logistics from omalia[J]. Disaster, 1984(8): 57−66.

② Stren Glud Johansen, Anders Thorstenson. An Inventory Model with Possion Demands and Emergency Orders[J]. International Journal of Production Economics, 1998(56-57): 275−289.

③ Paul D Berger, Arthur Gersten feld, Amy Z Zeng. How Many Suppliers Are Best? A.Decision-analysis Approach[J]. Omega, 2004(1).

④ Wilson M.C.The Impact of Transportation Disruptions on Supply Chain Performance[J]. Transportation Research Part E, 2006(1).

⑤ 刘春林，何建敏，施建军．供应链的协作供应问题研究[J]．管理科学学报，2002（2）：29−33.

⑥ Mulvey J M, Ruszynski A.Anew scenario decomposition method for large−scale stochastic optimization[J].Operation Research, 1995, 43.

⑦ Christopher M, Christine Ruther ford. Creating Supply Chain Resilience through Agile Six Sigma[EB/OL]. June−August, 2004.

⑧ 陈方若．大疫当前谈供应链思维：从"啤酒游戏"说起[J]．中国科学院院刊，2020（3）.

⑨ 李宁．新型冠状病毒肺炎疫情应急供应链协同管理研究[J]．卫生经济研究，2020（4）.

链管理问题，表明了应急供应链管理思想可以为决策者提供策略指导。①

三、应急供应链的特征分析②

（一）应急供应链的物资需求特征

突发事件发生后，应急救援活动是存在先后顺序的，一般以搜救、救助灾民，挽救其生命为第一要务，其次为保障灾民对生活物资的需求，最后为灾害的恢复与重建。对应于应急供应链中的物资需求，第一层次往往是对紧急救灾物资的需求，特别是挖掘和急救方面的物资，如千斤顶、挖掘机、插棒、起重设备、急救医疗器材和急救药品；第二层次对应于灾民生活安置物资的需求，主要满足灾民衣、食、住方面的要求，包括帐篷、棉被、食品、必需的药品、活动板房、日用品、消毒防护品、卫生防疫材料、简易校舍及配套设施等；第三层次则是提供灾后恢复生产生活的物资需求，包括重要建筑材料、农业生产资料（如种子、化肥、农药、柴油等）、基础设施、电煤、成品油等。针对三个层次的救灾物资的需求，救灾物资生产企业可根据自身产品所处的层次确定产品所处的需求时间段、所需量的大小和需求的急缓程度，据此确定自己的生产计划。

（二）应急供应链的管理要素特征

从应急供应链环节的角度进行分析，应急供应链可分为三个阶段，分别是原材料采购阶段、产品生产阶段、物流阶段；相关管理要素分为五类，分别是运输、库存、生产加工、企业合作与信息集成。原材料采购阶段必然涉及和供应商的合作，需要对供应商进行信息发布并获取反馈，同时该阶段还伴随原材料的运输，所以原材料采购阶段包含运输、企业合作、信息集成三种管理要素。产品生产阶段要实施的步骤包括产品生产、半成品及成品储存等，同时一般需要和同类企业进行合作，这就涉及了对内、外的信息发布，所以产品生产阶段包括库存、生产加工、企业合作、信息集成四种管理要素。物流阶段必然涉及与其他企业关联、运输、库存及信息沟通，所以物流阶段包括运输、库存、企业合作、生产加工、信息集成全部五种管理要素。

应急供应链是应急物流和商业供应链的交叉学科，因此可运用供应链研究中的成熟方法来解决应急物流中存在的具体问题。随着相关研究的进一步发展，目前已经有学者从网络的角度开展针对应急供应链的研究，应急供应网络的概念正在逐步形成。

---

① Tang C.S.Robust Strategies for Mitigating Supply Chain Disruptions[J]. International Journal of Logistics: Research and Applications, 2006(1).

② 龚英．灾害救助中的应急供应链管理研究[J]．软科学，2009，23（12）：17-21.

第二节
应急供应链的结构

本节主要介绍应急供应链的结构设计，首先从整体结构的角度给出应急供应链的体系概念图，然后分析其基本结构，最后讨论应急供应链网络的解构和重构。

一、应急供应链的基本结构设计

本部分主要参考《应急物流管理》①的相关内容。一般而言，成熟的应急供应链体系至少包含应急物流指挥协调中心、物资供应端、物流中心和物资需求端，其具体系概念如图7−1所示。

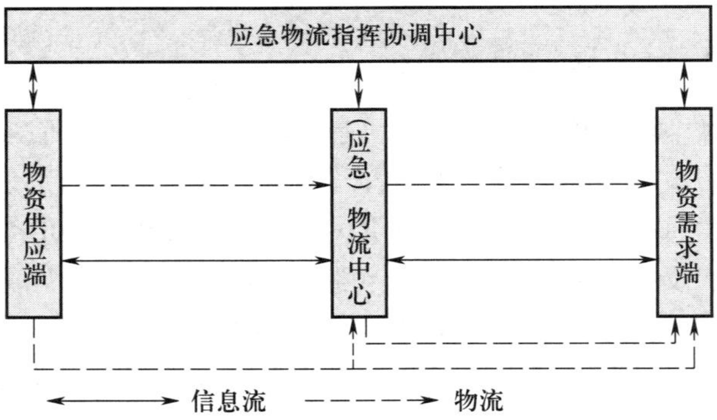

图7−1　应急供应链体系概念

（一）应急物流指挥协调中心

应急物流指挥协调中心是指国家或地区在应对严重自然灾害、突发性公共卫生事件、公共安全事件等突发事件时，为做好救援物资的筹集、运输、配送等工作而建立的一个特殊的物流指挥协调中心，是进行应急物流工作的核心机构。

务实、高效的政府部门是应急物流指挥协调成功的关键。中国灾后应急物流应该在国务院统一领导下，进行全国应急物资的处理工作。国务院根据应急处理工作的现实情况，决定是否成立全国应急物流指挥协调中心；各级地方人民政府根据应急处理工作的实际需要，决定是否成立各级应急物流指挥协调中心。应急物流指挥协调中心的工作主

① 左小德. 应急物流管理[M]. 广州：暨南大学出版社，2011.

要是统筹指挥，使整个应急体系高效有序地运作，其本身并不进行物资采购、储存、运输等具体的业务。

应急物流指挥协调中心的工作人员由专职人员和兼职人员构成。专职人员一般是灾害预报预测人员，主要负责收集、处理和发布灾情，提供应急物资及通信技术的保障；兼职人员则由政府相关部门的领导和工作人员，参与应急物流运作的物流中心、物流企业的领导及专家组成，为灾害救助提供各类信息，协调各部门工作，直接或间接指挥应急救灾工作的开展。

（二）物资供应端

在商业供应链中，企业一般有固定的合作厂商、固定的上游原料供货商。而在应急物流供应链中，应急物资的供应端是多元且杂乱的，一般包括国家储备、政府采购和社会捐赠等。如果应急物资未加以整合分类就直接往灾区运送，将造成人力、物力的浪费，低效率配送甚至产生物资聚集现象，因此应急物资的整合分类是应急物资供应端管理中的一个重要课题。应急物资与普通物资相比具有不确定性、不可替代性、时效性和滞后性等特点，为保证突发事件发生后能够迅速、可靠地筹措到应急物资，必须充分了解应急物资的特点，从整体上掌握应急物资的特性需求、供应商能力和受灾地区地理环境等情况。

（三）物流中心

（应急）物流中心可作为物流配送中心，主要功能为将供应端送来的物资在进行分拣、加工、包装等处理后分别送到各个需求点，减少物资再度转运、装卸的人力与时间成本，提高应急物资从物流中心到灾区灾民手中的运送效率。应急物流启动后，应急物资的配送作业具有时间紧、任务重、要求高、难度大等特点，物流配送中心应在接到配送任务后，及时了解前方灾情，科学规划现有应急物资，制定多种配送预案，综合协调完成配送任务。在配送过程中，如果出现某些特殊情况导致应急物资不能及时、充分地满足灾民的需求，物流配送中心应负责协调，使更多的应急物资尽快到达受灾地区。

（应急）物流中心又可作为物流集散中心。物流集散中心是区域内部与区域外部进行货物交换的聚集点，负责确定应急物资种类，与应急物资生产厂商签订生产合同，统筹各种应急物资并进行分类、包装、装卸、储存以及运输等。物流集散中心的主要作用有二：一是利用自身储备的救灾物资为灾区提供保障；二是作为汇集社会捐赠和外来输送物资的集散地。目前，我国已经在全国重要城市和地区逐步设立了区域物流中心和应急物资储备仓库，在发生突发事件时，应急物流指挥协调中心可根据需要，将部分中心和仓库变更为物流集散中心。

（应急）物流中心还应当是一个功能强大、适应性强、反应灵敏的信息网络中心，它由众多的普通商业物流中心、企业加盟而成，可以根据灾情，灵活抽调各加盟物流中心组成一个保障体系。保障体系可大可小，如果遇上“非典”这种全国性的灾害，还可以将多个地区性的应急物流中心联网，组成一个全国性的应急物流体系，实施应急供应保障，使整个应急物流系统有序、高效、实时、精确地运转。

（四）物资需求端

灾害发生时，由于可能出现通信设备被破坏、现场混乱等突发状况，导致信息流通不畅，无法在第一时间得到详细需求信息，从而很难进行快速、科学的决策。因此，必须通过事前的资料收集，针对灾害发生区的地理特性、人口分布、人口结构等进行分析，预测物资需求端的大致物资需求量。随着救援活动的进行，物资需求端对应急物资需求的种类、需求量以及紧迫性会不断变化，应当及时进行信息反馈，关注需求变化，从而使整个应急物流运作连续、高效。

根据上述应急供应链体系，将应急物流主体进一步细分，可以分析应急供应链的基本结构，如图7-2所示。

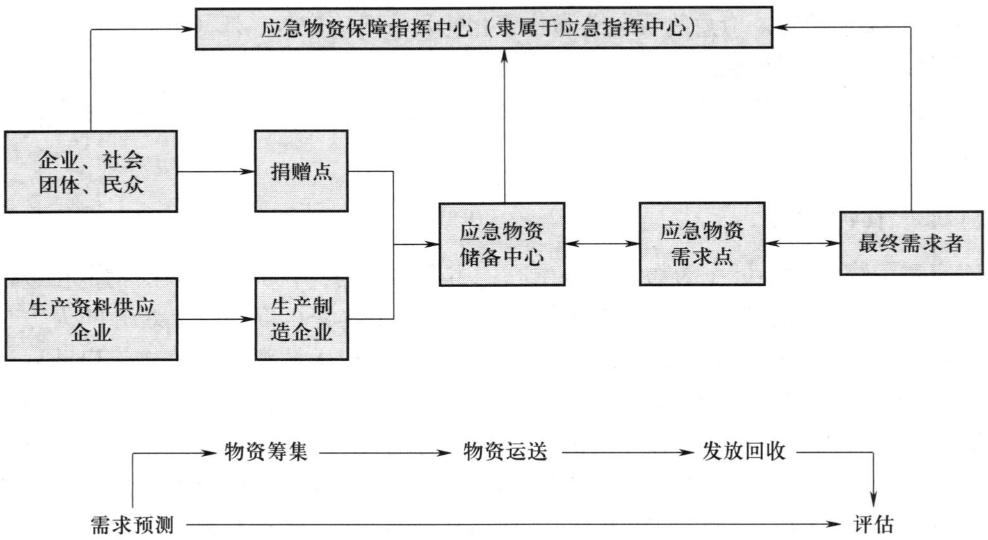

图7-2　应急供应链基本结构

社会组织参与灾害救援体系的构建，可弥补政府在救援工作中存在救援队伍、物资储备、经费投入不足以及科技支撑作用发挥不够等问题，是救灾物资筹措环节重要的组成成员之一。

捐赠点是接收企业、社会团体、民众等捐款捐物的集中点。捐赠点将社会团体和民众等捐助的各类物资集中分类、包装后进行整车运输、专列运输，以此提高效益、控制救灾物资运输成本。捐赠点的作业可以有效提高救灾物资收集处理效率，避免夏季救灾运送棉衣等无效作业的发生。

生产资料供应企业、生产制造企业是应急供应链中应急物资的主要来源。政府一般通过集中采购或协议采购等方式，从这些企业处购买应急物资。除此以外，在重大灾害发生时，由于物资紧缺，国家可根据法律法规，对一些物资生产和流通企业在事先不履行物资采购程序的情况下直接征用其生产和经销的物资。

应急物资储备中心包括国家设立的中央储备库，以及各地设立的捐赠物资收集中心和其他救灾物资储备中心、配送中心等。中央储备库担任着主要的救灾物资储存任务。在各地设立的捐赠物资收集中心的主要功能包括物资分拣、整理、储存、配送等。配送中心一般设置在交通运输比较便利的地点，且要求其所在空间具有可扩展性。

应急物资需求点负责接收从应急物资配送点运送来的应急物资，并分配给需求者。应急物资需求点还可以成为救灾需求和救灾供应的信息交换枢纽，即负责收集灾民对救灾物资的种类、数量需求，并根据轻重缓急，迅速、准确地反馈给救灾指挥部和捐赠地政府的有关部门，以协调救灾物资的供需平衡。对于帐篷等可以回收再利用的救灾物资，物资需求点还可以对其进行回收、分类、包装，再运送至救灾物资储备中心储存。

最终需求者即灾民，是应急供应链的最终服务对象，同样是应急供应链的重要组成部分。灾民的需求信息对于整个应急供应链的运作具有重大的影响。

二、应急供应链网络

面对频繁发生的突发事件，各救援组织都试图通过积极应对和科学决策来提高应急管理水平，从而减少人员伤亡，减轻社会经济损失。在救灾行动中，救灾物资供应是保障灾民生存和日常需求的关键。虽然很多学者和救援组织对救灾物资供应的问题进行了深入的研究，但是在实际救援行动中，仍然存在救灾物资供应不足或是延迟的情况。造成救灾物资供应低效的一个重要原因是救灾物资应急供应网络设计不合理，结构化水平低。一般而言，应急供应链具有多个主体，有物资供应商、救援组织、物资储备中心等，这些主体之间具有复杂的相互关系，构成复杂的供应链关系网。我们把这种表现为网络结构的应急供应链称为应急供应网络。

现有的相关研究大多选取某一类供应链进行协调优化，只研究了应急供应链中的某一环节，没有将应急供应网络中主体之间的结构关系考虑进去。基于以上分析，本部分将介绍救灾物资应急供应网络的结构优化，将复杂的应急供应网络解构成为简单的供应链，再依据不同的救灾需求，确定不同灾害情境下最优的救灾物资应急供应链组合，以提高救灾效率。

（一）关于应急供应网络的研究

应急供应网络是由政府提供技术和资金支持平台，并以政府应急管理中心为指挥控制中心而组建的动态供应链联盟，以时间效率为核心目标，是由若干供方、需方实体构成的快速响应环境变化的动态供需网络。

根据巴利克的研究①，可以将救灾物资供应网络抽象成图 7-3 的网络结构。

---

① Balcik B, Beamon B M, Krejci C C, et al. Coordination in humanitarian relief chains: Practices, challenges and opportunities[J]. International Journal of production economics, 2010, 126(1): 22-34.

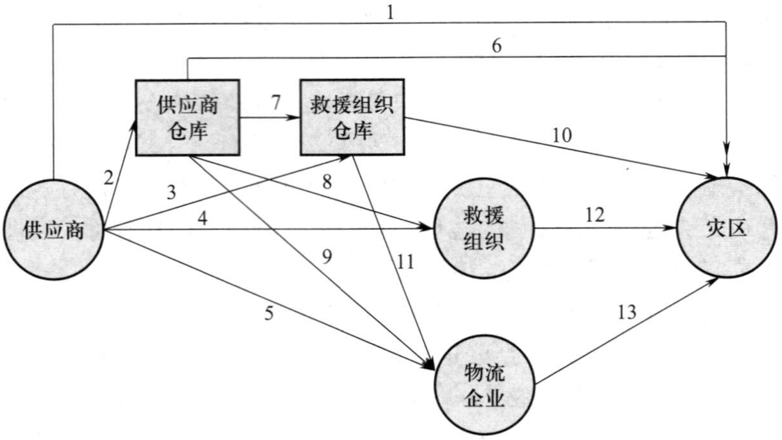

图7-3　救灾物资供应链的网络结构

说明：圆形节点表示物资供应网络的参与方，方形节点表示物资储存中转点

图7-3中的六个节点分别为救援组织、供应商、物流企业、灾区、供应商仓库和救援组织仓库。救援组织是整个救援行动的领导者和驱动者，同时也是救灾物资的购买方。救援组织主要由国际组织、政府组织和非政府组织组成①，根据具体灾害类型，救援组织可以选择独立完成救援工作，也可将部分救援任务外包给其他组织，如地震过后的废墟处理交由专业的救援部队来完成。供应商负责所有救灾物资的供给，并且通常还会负责救灾物资的储存和运输服务，一般包括营利性的商业机构和民间的公益机构。物流企业具有运输大量物资的专业物流经验，可以为救援组织提供专业的运输服务，为长距离大批量的救灾物资运输提供便捷通道。灾区是灾害发生地，是受灾群众的聚集地，也是救灾物资将要送达的目的地。

（二）救灾物资供应链的决策过程

通过图7-3能够看出，救灾物资可以通过多种路径到达灾区。不同的路径选择受到决策过程的影响，不同的决策会产生不同的物资流动方向，会涉及不同的主体，从而组合成不同的单项串联救灾物资供应链。由此可见，厘清物资供应各个阶段的决策过程，是解构一个复杂的救灾物资供应网络的关键。在巴利克和王熹徽②的研究中，救灾物资供应的决策流程包括采购、储存和运输三个决策点，如图7-4所示。每一种决策会产生不同的策略，不同的策略具有不同的特征，并且有可能产生不同的救援结果。

① Beamon B M, Balcik B. Performance measurement in humanitarian relief chains[J]. International Journal of Public Sector Management, 2008.

② 王熹徽．救灾供应链协调策略与契约定价研究[D]．中国科学技术大学，2012.

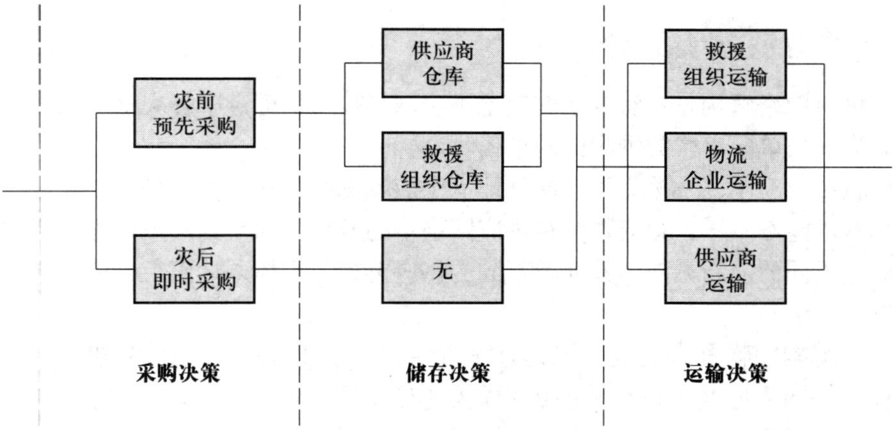

图7-4 救灾物资供应链的决策过程

1. 采购

救灾物资采购分为灾前预先采购和灾后即时采购两种方式。灾前预先采购通常具有采购单价低、交货时间短但风险损失大且增加库存成本等特点①，是应对季节性或可预测的周期性灾害的有效手段；灾后即时采购是应对突发性灾害最常见的手段，通常具有采购成本高、时效性强等特点②。

2. 储存

救灾物资的储存策略可以分为供应商储存、救援组织储存和灾后即时采购零库存三种方式。储存策略与采购决策密切相关。一般来讲，只有灾前预先采购才需要专门考虑储存策略。供应商储存策略由于借鉴了供应商的商业经验，可以有效降低储存成本，但也使得救援组织的监管成本增加；相反，救援组织储存虽然监管成本几乎为零，但是储存成本较高。

3. 运输

救灾物资的运输策略包括供应商运输、救援组织运输和物流企业运输三种方式。通常来讲，供应商的运输服务是一种额外服务，在城市地区和交通条件较好的灾区有较大的价格优势，且运输能力巨大。救援组织作为救援行动的领导者，通常不具有城市地区快速物流的经验③，但对于偏远地区或是交通条件差的灾区则是一个好的选择。对于专业的物流企业来说，由于他们具有丰富、成熟的商业物流经验，因此当供应商或是救援组织运输吃力时，可作为有效的替代和补充。

---

① Wang X, Li F, Liang L, et al. Pre-purchasing with option contract and coordination in a relief supply chain[J]. International Journal of Production Economics, 2015, 167: 170-176.

② Balcik B, Ak D. Supplier selection for framework agreements in humanitarian relief [J]. Production and Operations Management, 2014, 23(6): 1028-1041.

③ 吴勇刚，王熹徽，梁樑．基于社会损失的灾害应对策略评估框架[J]．系统工程理论与实践．2015，35（5）：1144-1154.

（三）应急供应网络解构

应急供应网络解构是指将复杂的应急供应网络按照供应链中各决策点的不同决策结果，拆分成多条单向串联的供应链的过程。

灾后救援行动中，救援物资单向性地从供应端流向需求端，在每一个决策点，物流的流向都有可能不一样，救灾物资在供应网络中的流动方向受到决策过程的影响，不同的决策对应不同的流动方向，并涉及不同的供应链参与主体，从而组合成不同的救灾物资供应链。

每一条解构的物资供应链应该具有完备性、独立性和决策完整性的特征：① 完备性，即被解构的供应链可以组成救灾物资供应链网络。② 独立性，即每条供应链之间相互独立，互不影响。③ 决策完整性，即每条供应链都具备完整的采购、储存、运输三项决策过程。

我们根据图7-3救灾物资供应链的网络结构和图7-4救灾物资供应链的决策过程，可以将救灾物资供应的网络结构解构为8类不同的救灾物资供应链，如表7-1所示。[①]

表7-1 8类救灾物资供应链

结构	决策点		
	采购策略	库存策略	运输策略
1 L_1 2 $L_4 \rightarrow L_{12}$ 3 $L_5 \rightarrow L_{13}$	灾后即时购买	------	供应商 救援组织 物流企业
4 $L_2 \rightarrow L_6$ 5 $L_2 \rightarrow L_8 \rightarrow L_{12}$ 6 $L_2 \rightarrow L_9 \rightarrow L_{13}$	灾前预先购买	供应商	供应商 救援组织 物流企业
7 $L_3 \rightarrow L_{10}$ 8 $L_3 \rightarrow L_{11} \rightarrow L_{13}$		救援组织	救援组织 物流企业

这8类简单应急供应链可以任意组合成复杂的救灾物资供应网络结构。反过来说，任意应急供应网络结构可以解构为上面8类简单供应链。由于不同供应链具有不同的优缺点，所以对于决策者来说，后续应当考虑的是如何组合上述不同供应链来实现应急物流行动绩效的最大化。

三、应急供应链网络优化重构

救灾物资应急供应链在构建后，往往会因为应急供应链的不确定性而导致供需和运

① 王熹徽，李峰，梁樑．救灾物资供应网络解构及结构优化模型[J]．中国管理科学，2017，25（1）：139-150.

输等出现波动，此时为保障供应链整体协调，必须对应急物资供应链中的物资采购、运输、储存等环节进行调整，供应链根据外部或内部条件的变化而动态地改变自身结构的过程就是应急供应链的重构。

与传统的商业供应链不同的是，应急供应链中决策者的目标通常是社会成本最小化。[①]在这里，我们采用社会损失的概念来衡量救援的绩效。假设最极端的情况为没有物资运输到灾区，社会损失达到最大。其他任何情况都不会比极端情况更差，并且应急物资越快到达，运输量越大，社会损失越小。基于此，我们对应急供应链中的策略环节进行分析。

1. 采购

灾前预先采购和灾后即时采购一般对应不同的采购价格，大多数情况下预先采购价格小于即时采购价格，并且在批量采购时，使用价格柔性契约，大批量的预先采购可能存在价格折扣。影响采购价格的另一因素是需求量，需求量通常又和灾害破坏程度密切相关，据此可以将灾害分为重大灾害和一般性灾害。一般而言，重大灾害发生概率小但是破坏性大，对救灾物资的需求量也大；一般性灾害发生概率大但是破坏性小，对救灾物资的需求量也小。

2. 储存

根据前面的论述，这里主要考虑救援组织和供应商两种储存模式及其费用。救援组织的储存费用包括直接的储存成本和间接的监管成本，直接的储存成本受储存物资种类影响，包括易腐物资和非易腐物资两种。其中，易腐物资保质期短，对储存条件要求高如食物、药品；非易腐物资保质期较长且处置简单如帐篷、棉被。供应商作为专业的物资生产及提供方，具有成熟的储存方案和条件，其储存成本比救援组织低，且这一优势在储存易腐物资时更为明显。考虑到救援组织的监管费用，对于易腐物资供应商具有优势；而对于非易腐物资，则救援组织具有优势。

3. 运输

救灾物资越早送达灾区，运输费用越高，灾区民众的痛苦感越低；反之则越高。运输价格不仅与运送时间有关，与灾区位置和当地交通条件也密切相关。一般而言，在城市等交通网络畅通地区，供应商具有最大的价格优势，物流企业次之，救援组织最差；在交通条件差的偏远地区，救援组织具有最大的价格优势，物流企业次之，而供应商最差。

4. 社会损失

霍尔金（Holguín）专门讨论了救灾物流的损失函数，社会损失函数受物资类型的影响，例如，食物、药品等易腐物资对灾区民众的救助起到关键性作用，一旦发生短缺会造成极其严重的后果，而非易腐物资相对而言，在生命救助中其重要性不如易腐物资。

---

① Holguín-Veras J, Pérez N, Jaller M, et al. On the appropriate objective function for post-disaster humanitarian logistics models[J]. Journal of Operations Management, 2013, 31(5): 262-280.

专栏 7-1：供应链重构案例

2014年5月24日，云南省盈江县发生里氏5.4级地震，六天后，又发生里氏6.1级地震，并且余震不断，造成重大人员伤亡。我们分别针对非易腐物资帐篷和易腐物资血浆，对帐篷供应商和治疗灾民的医院进行了调查研究，把社会损失的三日均值作为快速物流的社会损失，把社会损失的七日均值作为标准物流的社会损失。

假设预算资金足够大，可以满足所有物资需求，通过对帐篷和血浆的物资供应网络结构优化，可以发现帐篷的应急物流都是采用灾前预先购买的采购方式，可以储存在供应商仓库或是救援组织仓库，灾后再主要由救援组织运输到受灾地区，也可以由供应商直接运输至受灾地区，而血浆的最优供应网络只有灾后即时购买，并由救援组织负责运送至灾区。这是因为血浆等易腐物资储存费用非常高，不宜预先购买，帐篷等非易腐物资可以通过灾前预先购买的价格折扣抵补其储存费用，故而适合预先购买。云南盈江属偏远地区，交通不便，救援组织应对这种情况，无论是易腐物资还是非易腐物资都具有价格优势，所以优先救援组织运送，其次通过第三方物流企业运送，供应商的运输服务不适用于交通不便的偏远地区。我们可以得出结论，即便在同一灾害的救援行动中，易腐物资和非易腐物资具有完全不同的最优物资供应网络，即不同的物资类型应当使用不同的物资供应网络。救灾物资的最优供应网络是简单供应链的部分组合。

资料来源：王熹徽，李峰，梁樑. 救灾物资供应网络解构及结构优化模型[J]. 中国管理科学，2017，25（1）：139-150.

第三节
应急供应链协调

本节主要介绍应急供应链中存在的各种协调合作关系，包括政府与企业的合作协调、政府组织间的合作协调、政府与民间组织的协调以及供应链上下游间的协调。

应急供应链的协调指的是应急供应链主体之间通过合作、协议等方式达成一致，以促进应急供应链的高效运作的过程。由于应急供应链的参与主体往往具有多元性，其各自所追求的目标不尽相同，且主体间关系一般较为复杂，因此，主体间能否达成一致，对应急供应链的运作效率与效果有着很大的影响。接下来将对我国应急供应链中常见的几种主体间的合作协调进行介绍。

一、政府与企业的合作协调①

应急物资的实物储备是政府与企业合作协调的典型案例。实行市场化储备和政府储备相结合，可以减轻政府的经济负担，降低政府的储存成本。对于企业来说，也可以体现企业的社会担当，并且获得一定的补贴。在协调过程中，可以鼓励第三方物流企业加入，通过其专业化的设施设备和人才，提高应急物流运行效率，降低运行成本。在制定应急物流预案时，应当综合考虑应急事件的影响程度及其连带后果等因素，在应急物资采购、资金安排、设施设备准备过程中，在防范“断储风险”、确保应急安全和政府主导的前提下，尽可能发挥市场化储备的基础性作用，尽可能考虑经济性目标，避免造成损失浪费。在选择合作企业的时候，应考虑与有实力、有资质的生产厂商或者经销商签订合同，采取在应急期间实行先征用后结算的方法。例如，应急管理部与京东签署的战略合作框架协议（具体见专栏7-2）。

专栏7-2：应急供应链协调案例两则

政府与企业合作的协调——应急管理部与京东集团签署战略合作框架协议

日前，应急管理部与京东集团签署战略合作框架协议。双方将在国家应急物资保障、国家应急资源管理平台、应急仓储物流重点实验室、人才联合培养、应急物资管理智库等方面开展合作。

把京东集团整体能力纳入国家应急保障体系，是深入贯彻落实习近平总书记关于应急物资保障重要讲话精神的重大举措，是促进社会力量发挥国家治理作用的有益尝试，将有效提升国家应急物资保障水平，加速推进应急管理能力现代化。

下一步，双方将共同探索建立重大灾害下社会物资调度工作机制，切实提升应急响应能力；持续优化、完善应急资源管理平台，形成需求分析、供需匹配、仓储优化、智能决策等一系列智能模型，提高应急物资保障水平；积极创建应急仓储物流重点实验室，合力打造应急资源保障专业队伍，在应急物资仓储网络优化、库存自动预警、需求智能预估、应急资源智慧管理、物资追溯防篡改、风险精准防控、应急辅助决策等方面开展应用研究。

政府与民间组织的协调——政府与社会组织合作应对新冠疫情防控

新冠肺炎疫情暴发以来，特别是中国在较短时间内实现对疫情有效控制后，世界各国尤其是西方国家对中国抗疫经验带有复杂情绪，他们惊讶于中国在高密度人口环境中取得的抗疫成绩，将中国抗疫经验错误地理解为政府集权控制与民众消极服从，并认为中国抗疫经验不具有借鉴意义。该研究首次评估了社会组织与中国疫情防控成效之间的关系，提出社会成员的全面参与是中国抗疫成功的关键因素之一，中国地方政府有效动员、社会组织合作参与、民众志愿协作在中国疫情防控的不同阶段发挥了关键作用。

研究结果显示，中国政府与社会组织的共同合作对于新冠肺炎疫情应急管理及危机后的经济

---

① 宋则，孙开钊. 中国应急物流政策研究[J]. 中国应急管理，2009（11）：16-21.

社会复苏至关重要，而新兴的数字技术则进一步增强了政府、社会组织、民众之间的合作网络关系。该研究以浙江省为例，深入阐述了社会组织在疫情全面防控、抗疫情保运行两手抓、疫情防控常态化三个阶段做好新型冠状病毒的检测摸排、募集捐赠资金与疫情防疫物资、开展社区个性化生活服务、助力企业复工复产、深度参与心理咨询、社工服务与经济复苏等方面发挥了重要作用。

随着新冠疫情在全球持续蔓延，世界各国进入疫情防控“新常态”，该研究提出的政府与社会组织合作应对新冠疫情防控观点将为世界各国政府有效开展疫情防控工作提供四点启示：战略性地发挥社会组织在疫情防控不同阶段中的强项与优势；为志愿者参与疫情防控建立有效的激励机制；为疫情防控提供数据基础设施和数字追踪平台；培育更多可信任、具有可持续发展能力的社会组织。

资料来源：应急管理部与京东集团签署战略合作框架协议. 中华人民共和国应急管理部，mem.gov.cn.

任之光，沈永东. 我国学者在政府与社会组织合作应对新冠疫情防控的研究方面取得进展[J]. 中国科学基金，2020，34（3）：331.

二、政府组织间的合作协调

政府组织间，尤其是地方政府之间，应建立长效的合作机制，确保一旦出现危机，地区间的应急预案就可以启动并及时响应。以粮食为例，我国粮食产销非常不平衡，东南沿海作为粮食主销区，一旦发生突发事件，就有可能出现粮食供不应求的情况。因此，有必要通过建立长效合作机制打通东南沿海与东北粮食主产地的运输调配渠道。在灾害发生后，各地区之间应该协同作战，消除应急储备“购不进、轮（换）不出、调不动、用不上”，“蓄水池”沦为“死水池”的旧体制弊端。目前，不同品种应急物资的储备库或者地方各级政府的储备库，往往各自为政，缺少必要的交流与沟通，时常造成应急储备的交叉重复和遗漏，甚至造成断档脱储与库存积压在时间和空间上同时并存的双重损失、双重风险。例如，5·12汶川特大地震使四川的储备体系瞬间瓦解，这就需要周边地区的储备库进行救援补充。因此，加强政府组织间的合作协同，必须创新管理机制，加强沟通与合作。各有关部门应定期向主管部门报告应急储备物资动态，省政府应急办进行统计汇总并更新数据库信息，加强应急物资的运作和监管。

三、供应链上下游间的协调

在应急供应链中，各主体的目标不尽相同，如企业主要追求自身利润的最大化，而政府则是在尽可能满足灾民需求、降低社会损失的前提下降低应急物流运作的成本。由于供应链各主体目标不一致，导致应急供应链往往不能达到总体运作效率与效果的最大化，因此，有必要进行主体间的合作协调。

在广义的供应链研究中，学者们将分散决策下的总利润和集中决策下的总利润一致的情况称为供应链协调，[1]实现供应链协调的条件之一就是供应链上下游协调合作。但是由于供应链中企业处于合作并竞争的复杂环境下，导致实现供应链协调非常困难。供应链中的企业往往通过制定恰当的供应契约，约定合适的契约条款，设置合理的契约参数来达成合作，以此实现供应链上下游间的协调。

在应急供应链中，通过供应链契约达成上下游之间的合作同样是常见的协调方式。供应链契约模式多种多样，包括批发价契约、回购契约、期权契约、奖金契约、收益共享契约等，本书在此不展开具体介绍，感兴趣的读者可以扫描二维码进行阅读。

四、政府与民间组织的协调[2]

突发事件纷繁复杂，单靠政府力量难以达到有序、高效的治理效果。民间组织参与应急物流运作，能有效弥补政府力量不足，提高突发事件应对效率。民间组织作为社会公益组织的重要形式之一，具有民间性、志愿性、公共性和灵活性的特点，在物资筹集、社工专业服务、心理辅导等方面有优势，其参与应急物流运作有助于构建多元共治的应急物流运作体系，缓解政府压力。

民间组织参与应急物流运作要提升自主性，增强参与应急物流运作的主体意识。首先，政府对民间组织应由控制转为引导，从组织变为监督，给予民间组织更多自主权，提高其参与应急物流运作的积极性。其次，明确政府是应急物流运作的主导力量，民间组织作为重要的补充力量，应当寻找政府未能或尚未顾及的事项及时补位。再次，要增强应急物流运作的透明度，完善信息公开与监督机制，民间组织要公开救灾资金、物资的管理使用情况，捐赠款物的数量、类别、去向、用途等。最后，民间组织要主动接受社会各方面的监督，形成行政监管、社会监督、司法监督和行业监督的有效闭环。

党的二十大精神学习：大安全大应急框架与政府部门协同

本章小结

突发事件发生后，高效的应急供应链是满足灾民需求、及时行动救援的重要保障。本章从应急供应链的概念、研究现状、特征等基础概念入手，总结了与应急供应链相关的基础知识，阐述了应急供应链的基本结构设计，以及应急供应网络解构和优化重构的基本方式，并介绍了应急物流供应链的协调。

---

① 薛梅．供应链契约协调机制研究综述[J]．物流技术，2021（5）：81–85.

② 中华人民共和国民政部．慈善组织参与疫情应急治理的对策建议[EB/OL]．2020–02–24.

思考与练习

1. 简述应急供应链的特征。
2. 全方位比较应急供应链与商业供应链之间的差异。
3. 思考应急供应链解构与优化重构的关系，以及在什么情况下需要进行应急供应链的解构与重构。
4. 探究应急供应链中政企合作的模式。
5. 探究应急供应链中政府组织间合作的案例。

即测即评

扫一扫，测一测

主要参考文献

[1] 王宏伟. 中国应急管理改革：从历史走向未来[M]. 北京：应急管理出版社，2019.

[2] 侯云先，等. 应急物流运作[M]. 北京：中国财富出版社，2014.

[3] 刘刚. 物流管理[M]. 2版. 北京：中国人民大学出版社，2008.

[4] 徐东，等. 应急物流技术概论[M]. 北京：中国市场出版社，2020.

[5] 李珍萍，周文峰. 物流配送中心选址与路径优化问题：建模与求解[M]. 北京：机械工业出版社，2014.